人生後半の
働き方戦略

幸福年収700万円を続けるために

ライフシフトラボ代表
都築辰弥
Tatsuya Tsuzuki

日本経済新聞出版

はじめに

あなたは、何歳まで働きたいですか？

定年後の働き方について、どんなイメージを持っていますか？

「人生１００年時代」といわれる今、会社を辞めてからの時間はかなり長い、と考える必要があります。

もちろん価値観はさまざまですから、定年後再雇用が終わる65歳からはもう働かない、という選択があってもいいと思います。また、趣味を極めるのもすばらしいことですし、お孫さんの世話をするのもいいでしょう。ただ、65歳まで積み上げてきた経験や身につけてきた知識、スキルを活かす仕事が突然断ち切られてしまうのは、なんとももったいないような気がします。

「人生後半も、収入と働きがいを両立できる充実した職業人生にしたい」

本書は、そんな意欲のある40～50代のビジネスパーソンに特に読んでいただきたいと考えています。自分が選ぶべき働き方と、その選択を充実したものにするための実現手順が具体的にわかり、読み終えたその日から一歩踏み出すことができる。そんな戦略絵図を手に入れることができる内容に仕立てました。

とはいえ、本来どのような働き方を選ぶべきかは人それぞれですから、唯一の正解を示すことはできません。ですから、キャリアに関して多くの人に有意義なことを語ろうとすれば、どうしても「こういう考え方が重要だ」という概念的なキャリア論やマインドセットといった抽象度の高いテーマを扱うか、あるいは「職務経歴書の書き方」などのワンテーマに特化した具体的なマニュアルを目指すか、のどちらかになりがちです。しかし、両者の間には、大きな隔たりがあると思うのです。

「人生後半のキャリア形成についての心構えはわかった。職務経歴書も書けそうだ。それで、果たして自分は転職すべきなのだろうか？」

多くの方が、そのように自問自答するはずです。ここを明確にするための、いわば「中間の情報」が欠落していることに、私は問題意識を持っていました。ここが埋まらなければ一歩を踏み出すことはできません。

そこで本書は、「それは人それぞれです」という大前提は重々承知の上で、あえて一定の解を提案することに挑戦します。人それぞれのテーマに一定の解を提案するという大いなる矛盾……。それを乗り越え、地に足のついた議論を展開するために考えたのが、「年収７００万円が続く」というコンセプトです。充実した人生後半を過ごすために必要な収入はいくらか。働きがいのある仕事とは何か。こうした「人それぞれ」を大胆にもショートカットし、ズバリ年収７００万円という数字を仮定したのです。なぜ７００万円なのかは序章で説明させてください。

年収７００万円という共通の目標ができれば、具体的な議論が可能になります。どのような働き方をいつ選択すべきなのかを明確に提示すると同時に、選んだ働き方で収入と働きがいを両立するためのアクションステップを詰め込みました。読んで終わりではなく、確かな一歩を踏み出していただくことにこだわる1冊です。

本書で扱う具体的な行動ステップなどのノウハウは、私が代表を務める45歳からの実践型キャリアスクール「ライフシフトラボ」で使用している講義資料がベースとなっています。ライフシフトラボでは、人生後半も充実したキャリアにしたいと考える

40〜50代のビジネスパーソンに対し、転職・複業・起業支援のパーソナルトレーニングを行っています。

私が制作したカリキュラムのみならず、ライフシフトラボに所属し、ミドルシニアのキャリア形成に精通する200名以上のプロフェッショナルそれぞれの活きた知見を結集し、2022年の開講以来、累計5000人以上を支援してきました。

そんな現場叩き上げの人生後半のキャリア開発ノウハウを余す所なくお伝えします。その一部は、日本経済新聞社が運営するリスキリング専門メディア「NIKKEIリスキリング」の連載でも公開していますので、本書と併せてご覧ください。

本書の構成についてご説明しましょう。

序章では、「年収700万円」を提案する理由を、海外の幸福研究・調査も踏まえて詳説します。続く第1章は、「人生後半の働き方戦略」の概論として「雇用」「複業」「起業」という3つの働き方を、ライフステージで選び分けることを提案します。

第2章は実践編です。キャリア後半戦に年収700万円を続けるための「複業」から「大人の起業」までの流れを具体的に解説し、自分の強みに基づき、「売り」となる「じぶんコンテンツ」の開発を提案します。

第3章は、じぶんコンテンツを活かした複業デビューのノウハウをまとめました。複業に対して、本業の充実ももちろん重要です。そこで第4章では、転職知識のアップデートを含む「40〜50代の転職攻略法」を伝授します。

終章では、3つの働き方に共通する成功への基本的な考え方を紹介しています。章末には、敬愛する経営学者の入山章栄先生へのインタビューを収録しました。時代が激変する今、立ち止まっていては何も得られないことが強く感じられるでしょう。

本書があなたの仕事人生に何らかのプラスをもたらし、新しい行動に踏み出すきっかけになれば幸いです。

では、本論に入っていきましょう。

2025年3月

都築 辰弥

目次

第2章　複業から起業へ！
——45歳から仕込むキャリア自律ロードマップ

実践編　じぶんコンテンツの見つけ方――「もしあなたがハウツー本を書いたら」

第3章　じぶんコンテンツを武器に複業機会を広げる

序章

あなたは80歳まで年収700万円を稼ぎ続けられるか

仕事人生の折り返し地点は50歳

50歳というと、会社では自他ともにベテランとして認識され、キャリアが終盤に向かっている感覚を持つ人が増える年齢です。実際、キャリアの終わりを意識する人の割合が、意識していない人を逆転するのは45・5歳というデータがあります。[1] その理由は、「出世レースに決着がついた」「セカンドキャリア研修を受けさせられた」「早期退職の募集が始まった」「同期が次々と子会社に出向している」「役職定年で元部下の部下になった」といった、現役から遠のいていくように感じる出来事が増えるからかもしれません。

しかし、人材論・組織論の研究者であるリンダ・グラットンが、著書『LIFE SHIFT（ライフ・シフト）』（東洋経済新報社）で述べたように、80歳まで働くことが当たり前になる人生100年時代において、50歳は終わりどころか、60歳の定年時点でもキャリアはまだ20年残っているのです。

どうでしょう、終わりを意識するには早すぎると思いませんか。

ここで、仕事人生をフルマラソンにたとえてみることにします。多くの人が働き始

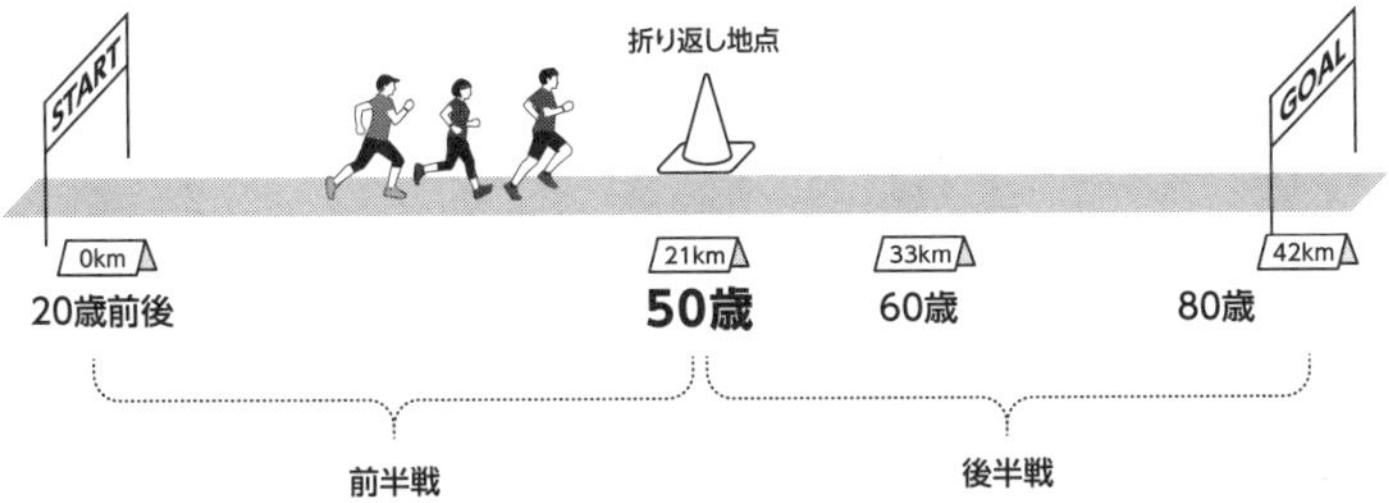

図1　「ミドルスパート」で人生後半戦は充実する

める20歳前後がスタート地点。仮に80歳をゴール間近の40キロ地点とすれば、50歳はまさに中間の折り返し20キロ地点です。フルマラソンでは、後半20キロからが勝負どころ。本来「ここからが本番」というところで残りを消化試合にしてしまうなんて、あまりにももったいないですよね。

キャリアにおいても、ラストスパートならぬ「ミドルスパート」をかけて前もって備えておけば、人生後半を前半戦以上に充実させることができるのです。

「80歳まで働く」と聞くと、途方もないような印象を受ける方もいるかもしれません。しかし、65歳まで生きた日本人の平均余命は男性19・4歳、女性24・3歳ですか

1　パーソル総合研究所「働く1万人成長実態調査2017」

ら[2]、逆に80歳くらいまで仕事なり何らかの生産的な活動をしていなければ余生を持て余してしまうことになります。

経済的な面から見ると、この期間を支えるために働くことは、もはや特別なものではありません。興味深い調査もあります。「何歳まで働きたいか」と60代前半の人に問うと、「70歳までに引退したい」と回答する人が最多です。一方、70歳以上の人に問うと、今度は「80歳までに引退したい」と回答する人が最多になるのです[3]。現時点ではまだ80歳まで働くイメージがわかなくても、年齢が上がるとともに何歳まで働きたいかの年齢も延びていくことを裏付けています。

もちろん、働く理由は経済的なことだけではないでしょう。内閣府の調査によれば、60歳以降も働く理由として、経済的な面のほかに「健康のため」「生きがいのため」「社会貢献のため」という回答も上位に挙がっています。

今の時点で、働くことに意欲的なシニアがこれほど多くいるということは、現在40〜50代の方が60〜70代になる２０４０年代頃には、さらなる人手不足や高寿命化により、80歳まで働くことはごく標準的なことになると考えてもおかしくはありません。

こうなると、65歳以降のキャリアは単なるこれまでの延長試合ではなく、仕事人生の新たな一幕の始まりだと捉えるほうが実態に即していそうです。だからこそ、ここでしっかりとミドルスパートをかけることが大切なのです。

私が人生後半に年収700万円が続くことを推すワケ

キャリアのミドルスパートをかけるといっても、どこに向かうべきかがわからなければ存分に走ることはできません。そこで私が本書で提案したいのは、わかりやすい目標として「人生後半を通して年収700万円が続く仕事人生を目指してみる」ということです。たとえ現年収が700万円未満でも構いません。

いきなり具体的な数字が出てきて驚いている方もいるでしょう。なぜ700万円か、というと、それには理由があります。ズバリ、人間が幸福感を覚える収入のピークは年収700万円あたりといわれているからです。

「収入が多ければ多いほど幸福感は高まるのか」という疑問、すなわち収入と幸福感

2　厚生労働省「令和4年簡易生命表」https://www.mhlw.go.jp/toukei/saikin/hw/life/life22/dl/life22-02.pdf
3　【基本報告書】ジョブズリサーチセンター『シニア層の就業実態・意識調査2023』

の相関については古くから研究されていますが、次のような研究結果がよく知られています。

米国の経済学者であるリチャード・エインリー・イースタリンは１９７４年の論文で、収入が多ければ多いほど幸福感は増すわけではなく、幸福感には一定のピークが存在する、と指摘しました。この学説は聞いたことがある方も多いかもしれません。

さらに、ノーベル経済学賞も受賞しているダニエル・カーネマンは２０１０年の有名な論文で[4]、Emotional Well-Being――幸福感に相当するもの――は７万５０００米ドルで頭打ちになると、具体的な数字を提示しました。

米国以外の国ではどうでしょうか。心理学者のアンドリュー・T・ジェブラらは２０１８年の論文で[5]、１６４カ国１７０万人以上の個人を対象とした国際調査である「ギャラップ世界世論調査」のデータを分析しています。その結果、日本を含む東アジアにおいては、６万米ドルから７万５０００米ドルで幸福感はピークに達すると明らかにしました。当時のドル円レートで換算すると７００万円前後となります。

その他数々の関連研究でも諸説ありますが、幸福感がピークになる収入は概《おおむ》ね日本円で７００万〜９００万円のレンジに収まっています。

「年収７００万円では全然足りない」という子育て世代の読者ももちろんいるでしょう。しかし、45〜54歳で年収が７００万円以上の就業者は17・９％であり[6]、裏を返すと８割以上は７００万円未満であることを考えると、年収７００万円というラインは、多くの人にとってそれなりにゆとりがあり、幸せを実感できる金額――「幸福年収」と呼べるのではないでしょうか。なお、**本書が指す年収７００万円は個人の年収であって、世帯年収ではありません。**

さらに、本書が年収７００万円を推す理由のひとつに実現可能性の観点も加えたいと思います。前述の通り、45〜54歳で年収が７００万円以上の就業者は、ほんの一握

4　“High income improves evaluation of life but not emotional well-being”
5　“Happiness, income satiation and turning points around the world”
6　リクルートワークス研究所「全国就業実態パネル調査２０２４」

りというわけではありません。一方、会社員の年収は55歳頃にピークを迎え、その後、役職定年や再雇用などのイベントごとに減っていきます。そのため65歳以上になると年収７００万円以上の割合は４・６％と激減し、こうなるといよいよ一握りになります。

つまり、人生後半を通して年収７００万円が続くことは、まんざら不可能ではないかもしれない絶妙なラインでありながら簡単でもない、そんな、少し背伸びした先の現実味のある理想と言えるでしょう。

年収７００万円が「続く」ことに込めた思い

では、年収７００万円さえあれば幸福感を得られるのかというと、残念ながらそうではありません。実際、年収７００万円以上の就業者が最も増える、つまり理論上、幸福感を覚える割合が最も多いはずの40～50代は、なんと逆に全世代の中でも幸福感が最も低いということを、ブランド総合研究所「幸福度調査２０２４」ほか多くの調査が示しています。

管理職としての重圧、現役引退を宣告されるかのような役職定年、早期退職の募集など、モチベーションを削ぐ要素が多いからでしょうか。あるいは、過去に理想としていた「ありたい自分」と現実とのギャップに悩む、いわゆる中年の危機《ミッドライフ・クライシス》のさなかにある人もいるかもしれません。年収700万円という金額だけをもって幸福年収と呼ぶのは無理がありそうです。

だからこそ、年収700万円が「続く」という本書のコンセプトが重要性を増します。年収額自体に負けずとも劣らない重大な意味を「続く」という言葉にも込めました。単に年功序列給や業界・会社の状況によって、気がついたら年収700万円に到達していたということではなく、「続く」という言葉が示す主体性に注目してほしいのです。

単発的に700万円を稼ぐことは、たとえば会社からの一時的な賞与や退職金などによっても可能かもしれません。しかし本書からの提案は、継続的に、自分の力で稼ぎ続けることができる状態の作り方です。

キャリアに対して主体性を持って取り組む意識と行動をキャリアオーナーシップといいます。キャリアオーナーシップを高め、年収700万円が続くように能動的に行動することで、1カ所の勤め先に依存せず、自分の望むキャリアを自分で選ぶことができるようになります。

その選択の自由こそが、収入や幸福感、さらには働きがいをも実現する可能性を高めてくれます。人生後半のキャリアを充実させるという観点では、同じ700万円でも、会社に漫然と勤め続けて入ってくる700万円と、主体的な行動の結果として自力で稼ぎ出した700万円は、性質が異なるということです。後者を目指す過程で得られる学びや成長、自律したキャリアを歩めている充実感も含めて、あなたの幸福度を支えるものと考えています。

「老後に年収700万円なんて必要ない」という方へ

一方で、坂本貴志著『本当の定年後――「小さな仕事」が日本社会を救う』(講談社現代新書)によると、定年後は年金に加えて月10万円の労働収入があれば家計は十分に回るとされています。定年後の労働収入は３００万円以下が大半になる半面、教育費や住宅ローンなどの大きな支出も減るため、家計の収支が全体的にダウンサイズするからです。

月に10万円を稼ぐことは、今の日本であれば60～70代であっても、さほど難しいことではありません。空前の人手不足により、特に都市部であれば、街を歩けばそこここに割の良い求人募集の張り紙を見つけることができる。それが、今の日本です。数年前よりも、街で募集しているアルバイトの時給は格段に上がっていますよね。

このような状況でもありますから、「年収７００万円が続く必要なんてない」という人も中にはいるでしょう。実際のところ、現在65歳以上の人にとって定年後も年収７００万円をどうしても稼ぎ続けなければいけない経済的必要性がある人は少ないかもしれません。ただ、今はそうでも、今後はどうでしょうか。

仮にあなたが今55歳ならば、定年後の再雇用期間が終わる65歳まで、まだあと10年あります。10年というのは、「老後はこれくらい蓄えておけば十分だ」という事前のシミュレーションを狂わせる環境の変化が起きるには十分な時間ではないでしょうか。

２０１９年頃に話題になった「老後２０００万円問題」。これは、金融庁の金融審議会「市場ワーキング・グループ」による「老後20〜30年間で約1300万〜2000万円が不足する」という試算を発端に物議を醸したものですが、2024年には「2000万円ではとても足りず、4000万円必要だ」という説さえ出てきました。

「老後2000万円」説をもとに、2023年度の消費者物価指数の上昇率+3・5%が仮に今後も続いたらどうなるのかをシミュレーションし、20年後には約4000万円になる……という理屈です。主張自体には非現実的との批判もありますが、**わずか5年ほどで、必要額が倍になるような主張が出てきた**ことに驚かされます。

こうした俗説に一喜一憂しすぎるのも考えものではありますが、先を見通しづらいこの時代にあって重要なことは、年収700万円が実際に必要かどうかということ以上に、人生の安全保障として、年収700万円を続けられる自分になっておくことだと思うのです。「老後に年収700万円なんて必要ない」という方でも、いざというときにそれを実現できるように備えておくのは決して損ではないでしょう。

「今さら年収700万円を目指すのは手遅れだ」という方へ

読者の中には「今の年収は500万円に満たない。この歳になって700万円なんて夢のまた夢だ」と思っている方もいらっしゃるでしょう。確かに、その場合、今お勤めの会社で年功序列的に昇給を重ねて700万円の年収に到達する、というキャリアパスはもう難しいかもしれません。しかしだからといって、働いて年収700万円を稼ぎ続けることが手の届かない目標だということはないのです。

私が出会ってきた方々の中には、50代後半になってから年収700万円を実現した人が多くいます。

たとえば、小規模な建設会社に勤務し、年収400万円だった55歳のFさんは、これまでの施工管理の経験を活かして、週末に工事写真の整理や台帳作成を「複業」で請け負うようになりました。仕事をしながら次第に建設DX（デジタルトランスフォーメーション）に関する知識も習得し、そのコンサルティングも合わせて2年後には本業と複業で年収750万円を達成しています。

このように、年収700万円は必ずしも1社の給与だけで実現する必要はありません。むしろ、長年のキャリアを強みとして、複数の働き口を組み合わせる「複業」で実現できる場合も多いのです。そう考えると、「悪くないね」とばかりに、年収70

0万円の現実味が増してくるのではないでしょうか。

「自分はもう若くないから」という方もいらっしゃるでしょう。確かに、とかく人材マーケットにおいては若さが重視される向きもありますが、それがすべてではありません。実は、40～50代には、若手にはない大きなアドバンテージがあります。それは**「経験を市場価値に変換できる」という強み**です。たとえば、生産管理の経験があれば製造工程改善のプロジェクトマネジャーに、人事の経験があれば採用コンサルタントに、経理の経験があれば記帳代行や身近な経理事務のアドバイザーに――。こうした経験の市場価値は、実務経験の浅い若手よりも高く評価されます。

また、年功序列や終身雇用が崩れつつある今だからこそ、40～50代からの挑戦がしやすくなっている面もあります。かつては「転職は35歳まで」といわれましたが、今では人手不足やジョブ型雇用の広がりを背景に、経験者採用の年齢上限は大きく引き上がっています。実際、2023年の転職者全体の約半数は40歳以上です。

さらに、テクノロジーの進化は、むしろ経験豊富な世代に追い風となっています。たとえばAIツールの登場により、デジタルスキルの習得に必要な時間は大きく短縮されました。生成AIを使いこなせる、インターネットに載っていない経験知も持ち合わせている。そんな40～50代は、若手よりも重宝される存在になりつつあります。

手遅れどころか、今という時代は、長年の経験を新しい価値に変換できる絶好の機会なのです。その視点から考えると、「今からでは遅い」という思い込みこそが、本当の意味での「手遅れ」を招くかもしれません。

80歳まで、楽しく働き、楽しく稼ごう

なお、「年収７００万円が続く」というリアルな金銭的目標を掲げてはいますが、本書は不労所得でラクして稼ぐことを目的とする財テク本や、いわゆるＦＩＲＥ（経済的自立・早期リタイア）を目指す本でありません。それらを否定するつもりはまったくありませんが、本書の役割は異なります。前に述べた年収７００万円さえあれば幸福感を得られるわけではないということを念頭に置き、働くことに対してお金を稼ぐ以外の意味づけをしている人、人生後半もやりがいを持って楽しく働き続けたいという人に向けて、その実践法を示していきたいと思います。

すでにお伝えした通り、昨今の人手不足やそれに伴う賃上げの追い風を受け、働い

て一定のお金を稼ぐことは従来よりも難しくありません。「仕事はお金を稼ぐ手段」と割り切ってとにかくお金だけ稼げればいいという人は、本書を読まずとも、それなりに稼げる機会はたくさんあるでしょう。

わざわざ本書を手に取ってくださったあなたは、きっと働くことに対してお金だけではない「何か」を期待しているのではないでしょうか。事実、60歳以上の就業者が仕事をしている理由には、収入のほかにも「体に良いから」「仕事そのものが面白いから」といった回答が多く挙がっています。[7] そんな気持ちに応え、80歳までやりがいを持って楽しく働き、楽しく稼げる術を惜しみなくお伝えしたいと思います。

7 内閣府「高齢者の経済生活に関する調査」(2019)

Column

映画で考える人生後半のキャリアのあり方

人生後半のキャリアを考える際に、ぜひ見てほしい映画3本をご紹介します。

『マイ・インターン』（2015年公開、米国）

今では時代遅れな電話帳の印刷会社に長年勤めたベン（ロバート・デ・ニーロ）が、若い女性社長（アン・ハサウェイ）が率いるITスタートアップでシニアインターンとして働くことになる。働き方や価値観の違いに当初は戸惑いつつも、ベンは持ち前の穏やかな人柄で社長や若手社員と信頼関係を築いていく。

『終わった人』（2018年公開、日本）

大手銀行でエリートコースを外れ、子会社で定年を迎えた田代壮介（舘ひろし）は、プライドが邪魔をして定年後の職探しに苦労し、美容師として忙しく働き充実しているように見える妻・千草（黒木瞳）に内心引け目を感じている。やっと見つかった職場でも最初は空回りするものの、次第に周りから受け入れられて成果を出し始め、働く喜びを取り戻していく。

『PLAN 75』（2022年公開、日本）

高齢化問題の解決策として、75歳以上が自ら生死を選択できる制度「プラン75」が施行された近未来の日本を舞台とするディストピア作品。その制度に翻弄される高齢者や周りの人々の葛藤や選択を描く。

冒頭の2本は、定年後のキャリアに必要なマインドセットを教えてくれる、ミドルシニア必見の作品です。一見、対極のキャリアを歩んできた2人が描かれていますが、戸惑いながらもセカンドキャリアを良い方向に導くことができたのは、共通して「柔軟性」を発揮することができたからでした。

3本目の作品で倍賞千恵子が演じる78歳の角谷ミチがプラン75を申請するきっかけとなったのは、ホテルの客室清掃員の仕事を解雇されてしまったことでした。この作品からは働くことがお金だけでなく、人とのつながりや生きがいをも与えてくれるものなのだということを再認識させられます。

第1章

幸福年収700万円が続く、人生後半の働き方戦略

雇用されるだけが働き方ではない

私が代表を務める45歳からの実践型キャリアスクール「ライフシフトラボ」に相談に来られるお客様と話をして、気づかされることがあります。それは、多くの人にとって「働くとは、どこかの会社に雇われること」という揺るぎない前提があることです。この固定観念が、実は働く人のキャリア選択を狭めているのではないかと強く感じます。

会社に雇われる以外にも、会社を起業する、フリーランスになる。さらには合わせ技で雇われながら複業状態で起業する、就農する……など、働き方には多彩な種類があります。そのことを知識や情報として知っていても、自分が取りうる選択肢としてすんなりと受け入れるのは難しいですよね。

こうした見えない前提を裏付ける出来事が思い出されます。

2022年にライフシフトラボを開講した当初のコンセプトは、複業デビューのパーソナルトレーニングでした。これは、役職定年や再雇用で給料が減っていくなど、日々の仕事のやりがいを感じづらくなる45歳以降のベテラン社員に対し、「脱・会社依存」をキーワードに自律的なキャリアを切り開くための複業デビューをマンツーマンで伴走支援するというプログラムでした。

折しも、岸田文雄首相（当時）が「人への投資」を提唱し、厚生労働省が副業を積極的に推進し始めていた頃でした。企業に対しては従業員の副業を原則認めるべきとするガイドラインが策定され、厚生労働省の諮問機関である労働政策審議会では「学び直しの実践の場として副業・兼業の環境整備が必要」との指針が出るなど、追い風が吹き始めていたのです。

このことから、複業という働き方は当たり前になり、特にミドルシニア世代にとってはキャリア形成の有力な選択肢になるだろうと考えました。実際、コロナ禍の真っ只中でリモートワークが進んだことも一因となり、複業人口は増え続けていました。

開講してみると、確かに受講者は順調に増え、第2章で紹介するようなすばらしい複業デビュー事例もたくさん生まれました。しかし、受講者が増えるにつれて「やっぱり転職したい」というニーズを持つお客様がはるかに多くなっていったのです。

これは予想外でした。このため、従来のプログラムを「ライフシフトラボ複業起業コース」とあらため、後追いで45歳からの転職活動のパーソナルトレーニング「ライフシフトラボ転職コース」を新設するに至りました。その反響たるや凄まじく、2025年現在は、「ライフシフトラボ転職コースの受講者が9割にのぼります。あえて生々しい話をすれば、ライフシフトラボ転職コースのほうがより少ない広告費で、より多くの集客ができました。転職のほうがニーズが高いという何よりの証拠です。

それもそのはず、あらためて市場規模を比較してみると、転職市場は人材紹介業だけでも当時6000億円[1]。一方、複業マーケットは、同300億円程度[2]。その差は一目瞭然でした。45歳以降に勤め先で収入や働きがいの天井にぶつかったとき、複業を始めようと考える人はごく一部で、別の会社に転職しようと考えるのがメインストリームだなとつくづく感じたものです。

誤解しないでいただきたいのですが、私は転職を否定するつもりはまったくありませんし、本書でも第4章で後悔しない転職ノウハウについて詳しく説明します。しかし、人生後半のキャリア形成において、転職という選択肢しか検討のテーブルに載らないのは危険ではないかと思うのです。年収700万円が続くことは人生の安全保障になるとお伝えしましたが、それを実現するための選択肢の幅を広げておくことも変化対応策として大事ではないでしょうか。

ここからの働き方戦略として、「雇われることありき」ではなく、それ以外の選択肢もフラットに検討することをおすすめしたいと思います。経済環境も激しく変化する現状にあって、会社に守ってもらおうという考え方のほうがむしろハイリスクです。もっとも、バブル崩壊やリーマンショックを経験している40～50代の方であれば、そのことはすでにご存じのはずです。

「雇用される」「起業する」「複業する」を選ぶ

さて、本書の想定読者である一般企業に勤める40～50代のビジネスパーソンにとって、人生後半を通じて年収700万円が続く戦略として、現年収や職場事情などによらず共通する3つを提案したいと思います。それは、「(正社員として)雇用される」「起業する」そしてその両取り策と言える「複業する」ことです。そしてこれら3つの働

1　厚生労働省「職業紹介事業報告書」

2　矢野経済研究所「副業支援プラットフォーム市場に関する調査」(2022)

き方を、ライフステージに応じて、選び分けるのです。具体的には、再雇用の終了が働き方の大きな転換点になります。なお、本書で言う起業とは、個人事業主（フリーランス）として独立・開業することも含んでいます。

「雇用される」「起業する」「複業する」、この3つの働き方の性質を概念的にまとめると、図2のようになります。

いきなり起業などという選択肢が出てきて面食らっている方もいるかもしれません。図を見ても明らかなように、雇用されることと起業することは働き方の性質が大きく異なります。一般論として、収入の安定性や社会的信頼は会社員のほうが高いことは、おそらくイメージ通りかと思います。

他方で起業の代表的な魅力は、何と言っても実力次第で収入が青天井である点、自由である点、年齢にかかわらず、働きたいうちはいつまでも働ける点でしょう。正社員として雇用される場合、これから年収を倍にすることは現実的に難しいと思いますし、65歳以降の正社員雇用機会はほとんど期待できない状態です。

このように、両者の働き方はあまりにも対極の関係にあるために、定年後にいきなな

労働者 ←→ 事業者

	雇用される	複業する	起業する
収入の安定性	高	両方のいいとこ取り（ただし時間的制約あり）	低
社会的信頼	高		低
キャリアの発展性	低		高
自由度	低		高
年齢制約	65歳までが多い		無期限

複業を挟むことで、独立起業へ段階的に移行

図2　3つの働き方の性質とは？

り起業するのは、それこそ清水の舞台から飛び降りるような勇気が必要ですし、実際ハイリスクです。家族の反対もあるでしょう。そこで、**いきなり起業に踏み切る衝撃を緩和し、徐々に移行するため、両者のいいとこ取りの働き方と言える複業を会社員時代から助走期間として仕込んでおくこと**を本書では提案したいと思います。

3つの働き方の概略をご理解いただいたところで、ここからは、ご自身の今後の働き方が段階的にどう変化するのかを時系列に沿ってシミュレーションしていきましょう。

人生後半の働き方シミュレーションⅠ期

60歳で定年となった後も、勤め先で65歳まで再雇用される方が多いでしょう。よって、現在から、再雇用が終了する65歳までをⅠ期とします。なお、現在65歳以上の方は、後述するⅡ期からのスタートとなります。

人生後半の働き方を考えるための準備作業として、まずはこのⅠ期において勤め先からもらえる収入を見積もり、図3のようにグラフにしてみましょう。会社によってはセカンドキャリア研修などで告知される場合もあると思いますが、明確ではない場合も少なくないはずです。いくらもらえるのかがわからなければ、いくら稼げば良いのかも決まりません。収入の見積もりは、年収700万円が続く働き方戦略を立てるために欠かせない作業です。

現年収が700万円未満の人、あるいは今後下回る見込みのある人が、その差分を補うための最善最適な方法は何か。

それはズバリ、複業を始めることです。Ⅰ期の間は、会社からの給料＋複業収入の2階建てで年収700万円を目指しましょう。給料と複業収入の金額バランスについ

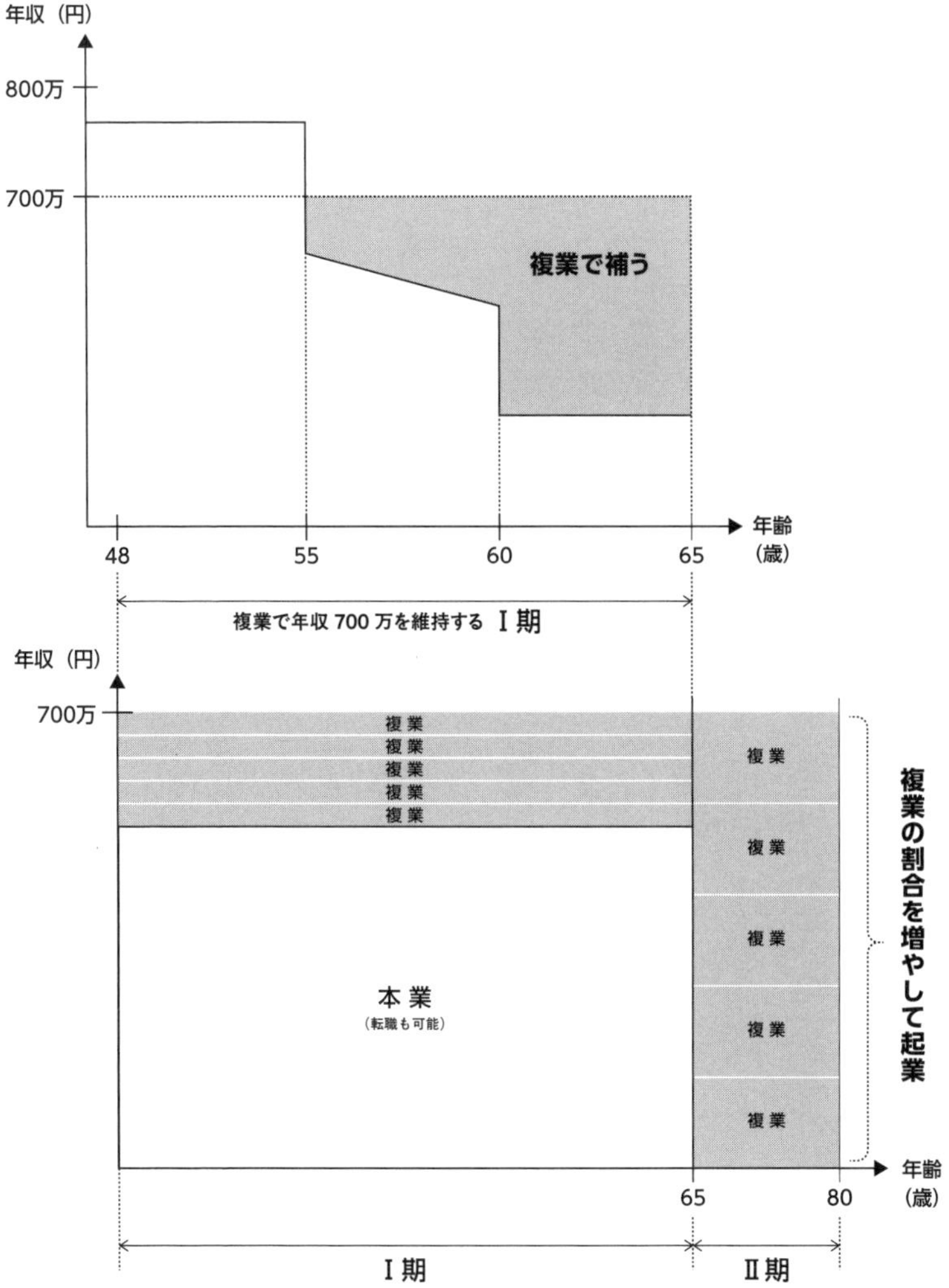

図3　3つの働き方をライフステージで選び分ける

ては、次第に後者を増やしていくことが可能です。特に、定年後の再雇用時は、嘱託社員になって週3日だけ勤務するなど、フルタイムではない働き方を選ぶ方も増えてきます。そうして空いた本業の時間を少しずつ複業に移し替えていくわけです。

「複業」と「副業」の違い

なお、お気づきの方もいらっしゃると思いますが、本書では原則、一般的な表記である副業ではなく、「複業」と表記しています。ただし「政府の副業推進」など、原典となる資料や発表がある場合は元の表記に従っている点をご了承ください。この複業という語に込めた意味についてあらためてお話ししましょう。

副業は非常に広い意味のニュアンスを持っており、人によって「副業」という言葉に対して持つイメージはさまざまです。たとえばＦＸや不動産投資などの不労所得も、副業と捉えるケースもあるでしょう。

本書でおすすめする「複業」は、お金を稼ぐことだけを目的とするものではなく、キャリアの1つのあり方としてのパラレルワークを指します。たとえて言えば、株式投資のポートフォリオと同じ意味合いで、1社に依存していくというよりも複数の仕事を持っていったほうがいい。「卵を1つのカゴに盛るな」[3]理論と同じですし、ゆくゆくは複業を再雇用終了後の本業にしていく可能性も視野に入れるものです。

幸福年収を実現するために複業に励み、ゆくゆくは「(幸) 福業」を目指す――、ここまで言っては言葉遊びが過ぎるかもしれませんね。

誤解しないでいただきたいのですが、私は「副業」がダメだと言いたいわけではありませんし、複業と副業に優劣があるわけでもありません。自分の適している働き方が「副業」か「複業」なのかは人生のフェーズや状況によってそれぞれです。ただ、人生後半のキャリアについて、年収700万円が続くことを目的と定めるならば、複業が最も適していると考えています。

40〜50代の方々に複業をおすすめする理由は3つあります。

3　卵を1つのカゴに盛ると、そのカゴを落とした場合には、全部の卵が割れてしまうかもしれないが、複数のカゴに分けて卵を盛っておけば、そのうちの1つのカゴを落としカゴの卵が割れてダメになったとしても、他のカゴの卵は影響を受けずに済むということ。

1　収入増

業務委託型の複業ならば、会社に勤めながら年収３００万円アップも夢ではありません。それどころか、ライフシフトラボで働く複業人材の中には、複業収入がフルタイムで勤めているはずの本業の年収を超えてしまっている人もいます。

2　本業では得られないやりがいを得られる

先述の通り、40～50代は、仕事に対する満足度が最も低い世代でもあります。次第に失われていく可能性のある仕事のやりがいを複業によって確保することは、モチベーション維持のリスクヘッジにもなります。本業と違って複業は本来やらなくても良い活動ですので、基本的には自分の好きなこと、やりがいを感じることしか続かないはずです。

また、自分がやってきた経験やスキルを軸足にして、もう片方の足で未経験の仕事に挑戦できるチャンスがあることも複業ならではのメリットです。

専門領域が固まり、ともすれば日々の仕事にマンネリズムを覚えやすい40～50代が新鮮なやりがいを感じられる手段と言えるでしょう。

3　いざというときの転職や定年後の起業の足がかりになる

たとえば挑戦心をかき立てられるスタートアップ企業から転職のオファーがあったとき、複業収入があれば、一時的に年収を落とす選択を取れるかもしれません。将来的に起業をお考えの場合は、まずは複業で社外人脈や実績を積み上げることで、起業につきものの失敗リスクを最小限にすることができます。

「複業は若い人がやるもの」というイメージがある人もいるかもしれませんが、そのようなことはありません。

大手ＯＡ機器メーカーで定年まで勤め上げ、再雇用期間中である61歳男性のＮさんは、これまでの業務経験を活かして複業で自治体と契約し、ＳＤＧｓ（持続可能な開発目標）に関するコンサルタントとして活躍しています。また、障がいのあるお子さんを育て上げた経験から、障がい児の親に対する子育てメンターとして活躍する58歳女性のTさんなど、私が知る限りでも多くの方が複業で活躍されています。

特にミドルシニア世代の複業家から学び取れるのは、複業の本質は会社を辞めない起業・開業だということです。複業は勤め先の資産や看板に頼れず、いわばピン芸人として何ができるかをシビアに問われるからこそ、キャリアオーナーシップが鍛えられ、結果的に自分らしいワークスタイルを手に入れている人が多いように感じます。ロングセラーになっている藤井孝一著『週末起業』（ちくま新書）でも、会社を辞めずに週末に取り組む複業は本質的には起業と同じだと説いていますが、私もまったく同感です。

副業禁止の会社は、辞めるのがお得？

ところで、「複業がおすすめ」とお伝えすると必ず言われるのは、「うちの会社、副業禁止なんです」というセリフです。パーソル総合研究所の調査によれば、企業の副業容認率は60％とされており[4]、逆に言えば４割の企業では副業が禁止されています。

ただ、諦める前に、勤め先の就業規則をもう一度確認してみてください。副業禁止だと思い込んでいても、よく読むと「同業他社で副業をしてはいけない」とか「雇用される副業は禁止」など、条件付きであることがよくあります。「うちは副業してはダメ」と言う上司や同僚も、正しく自社ルールを理解していないというケースが実に多いのです。

就業規則を読んでみても、やはり禁止されている場合、選択肢は2つです。

1つ目は穏健な妥協策で、金銭報酬を伴わない複業にかじを切る。その代表例がプロボノです。プロボノとは、仕事で培った経験を活かして非営利組織の課題解決に貢献する働き方を指し、平たく言えばNPO（非営利組織）での無償の複業です。ビジネススキルや専門性を発揮することが求められている点で、労働力としての位置づけが強いボランティアスタッフとは異なるものとして捉えられています。

「お金をもらえなければ意味がないじゃないか」というツッコミは半分その通りで、

4　パーソル総合研究所「第三回 副業の実態・意識に関する定量調査」（2023）

プロボノをいくらやっても当然年収700万円に届くことはありません。しかし、それでも意味があると言えるのは、**無償での複業も、再雇用終了後の起業の準備体操にはなる**からです。

複業で得られるものは金銭報酬だけではありません。社外の人脈、未知の人たちと働いて成果を出すためのコミュニケーション力、仕事に対する主体性、行動力といった非金銭報酬を貯金しておくことは、起業する際の大きな武器になります。無償の複業ならば、本質的にはもはや趣味と同じですから、禁止されることはまずありません。日曜日にゴルフに行くのを会社が止める道理はないのと同じ理屈です。

2つ目の選択肢は、この際その会社を辞めて、複業ができる会社に転職してしまうことです。私はこちらのほうをおすすめしたいです。

「簡単に言ってくれるな」と感じられたかもしれません。でも、「役職定年や再雇用で給料は減らすが、副業は禁止」という会社の理屈はアンフェアだと思いませんか？

今の勤め先は、あなたの定年後に責任を持ってくれません。それが現実である以上、自分の人生を他人のルールで縛られていては、近い将来、後悔することにもなりかねない。会社に忠誠心を持つのは良いことですが、**自分の人生をしっかり設計して守る**

ことも同じぐらい重要なのではないでしょうか。

転職で年収700万円を上回ることはできるか

ちなみに、現年収が700万円未満の場合、複業ではなく転職で年収を上げればいいのでは、と考えた人もいるでしょう。

それも不可能ではありません。ただ、現年収500万円の人が700万円のオファーをもらって転職することと、複業で200万円を稼ぐことを比較すると、多くの場合、後者のほうが実現可能性は高いはずです。

また、本書の趣旨は一時的に年収700万円を超えることではなく、人生後半を通してそれを続けていく土台づくりにあります。それを踏まえると、700万円を1社に依存して再雇用終了後はゼロになってしまうという働き方よりも、複数の働き口を持っているほうがキャリア戦略としては安全と感じられるでしょう。

「卵を1つのカゴに盛るな」という投資の考え方と同じです。転職で年収アップを狙うことを止めるつもりはまったくありませんが、「転職して年収700万円を達成できたからすべて良し」という考えは再考の余地があるのではないかと思います。

一方、別の観点では、年収を上げる以外の理由で転職することは十分にアリです。仮に複業している人であっても、働く時間のシェアが大きいのはやはり本業です。その本業にあまりにもやりがいがない、活躍できる場がない、人間関係が崩壊している、あるいは労働環境が悪いようでは、一定の収入を得られたとしても幸福感は高まりません。

転職したい理由があるのなら、迷わず転職活動にトライしてみましょう。転職活動だけならリスクはありませんから、実際に転職するかどうかは結果を見てから考えるのでも遅くないのです。ひとつ事例を見てみましょう。

大阪の医薬品メーカーで経営管理部に所属していたSさん（53歳男性）は、900万円の年収を捨てて、故郷である岐阜県にある日本酒の酒造メーカーに転職しました。長男として家を守らなければという使命感に加え、次第に人口が少なくなっていく故郷に貢献したいとの思いから、以前よりUターンを考えていたSさん。「このまま会社に勤めて慣れきった仕事を続けるのはつまらない。これ以上出世することもないだろう。故郷の役に立ち、自分が楽しいと思える仕事に力を注ぎたい」と考え、手遅れになる前に転職を決断したそうです。

とはいえ、岐阜県の中でも人口の少ない地域に実家があるSさんにとって、実家から通える範囲で仕事を探すのは至難の業だろうということは予想していました。案の定、企画職や経営管理の経験が長いSさんの強みを活かせる求人はほとんどなく、1年半もの間、転職サイトの新着求人をチェックし続ける日々を送ります。

そのかいあって、「やはり地元にこだわるのは無理かな」と諦めかけていた頃に目に入ってきたのが、地元の酒造メーカーが募集している経営企画の求人でした。実家から通えて、地域にも貢献でき、これまでの経験も活かせる。「何かの思し召しだと思いました」と語るSさんの直感を裏付けるように、面接をトントン拍子で通過。しかし、ここでひとつ大きな問題が発生します。

提示された年収は、今までの半分以下の400万円だったのです。面接を通じて、同社の経営状況を大まかに知らされていたSさんは、この金額が同社の出せる限界であることを十分にわかっていました。その条件を受諾し、晴れて転職に至ります。

年収が半分になる転職は、客観的に考えればとても思い切った選択です。本人も納得の上、家族の同意も得られたのはなぜか。それは実は、**収入の下支えとなる複業があったから**でした。

1年半にわたる長い転職活動の間、Sさんはただ転職サイトをチェックしていただけではありませんでした。**強みを持つ経営管理のスキルを活かし、故郷に住みながらフルリモートで働ける複業の仕事も同時に探していた**のです。「Uターン転職をすれば、年収は間違いなく下がる。しばらくは退職金を切り崩してやっていけるけれど、その先を見据えて複業も探しておこう」と、戦略的に考えての行動でした。

実際、地方企業に特化した複業求人サイトを通じて案件を獲得し、Sさんの複業収入は、転職の時点で月20万円。複業の活動をもっと広げれば、本業と複業で年収700万円にすることはすぐにできるだろうという見立てがあったのです。それだけあれば、家賃もかからない岐阜県の実家で、家族で暮らすには十分だと。見事なキャリア戦略と事前の仕込みで、理想の転職を実現した好例です。

「この歳で転職なんてできるのか」と思う方もいると思いますが、Sさんのように、今の転職市場なら概ね50代前半までであれば転職は十分に可能です。ただし、どうしても若手人材が主役の転職マーケットで、希望する転職を実現するには、やり方が肝心です。転職成功のためのステップについては、第4章で詳しく解説することにしましょう。

人生後半の働き方シミュレーションⅡ期：再雇用終了後

再雇用の終了以降をⅡ期とします。このときの年齢は、65歳かその少し前であることを想定しています。かつてこの年代の働き口の代名詞だったシルバー人材センターの登録者数は、2019年以降減り続けています。高齢者の人口が増加しているにもかかわらず、なぜ減り続けているのでしょうか。

その理由はシンプルで、もっと割の良い仕事が増えたからです。

シルバー人材センターが紹介する仕事は、主に自治体が運営する駅前駐輪場の整理や街路樹の整備などの軽作業が中心で、その時給は各都道府県の最低賃金以上です。ところが今、空前の人手不足を背景として、その時給を大きく上回るアルバイト募集が急増していることはすでに述べた通りです。コンビニエンスストアやファストフード店に入れば、60～70代のシニアが元気に活躍していますよね。

序章で触れた、定年後に年金プラスアルファで稼ぐ必要のある収入は月10万円、という話で言うと、時給１３００円のアルバイトなら、月77時間で到達します。計算しやすいように1日7時間として、11日間働けばいい。つまり、**3日に1回程度働けば必要額に達する**ことになります。なにも「コンビニで働け」と言いたいわけではありませんが、お金の面だけで言えば、10年前、20年前に比べて選択肢は間違いなく増えています。

しかし、こうしたアルバイトで年収７００万円を超えるのは、さすがに難しい。上記の計算で週5日フルタイムで働いたとしても、年収３００万円にもなりません。そこで、現役時代に仕込んだ複業が、ここから真価を発揮します。

再雇用終了後は、複業でやっていた活動を個人事業にして、フリーランスとして独立する、あるいは「ひとり会社」をシニア起業してしまうのが、働いて年収７００万円を続ける手段としてほぼ一択となります。

65歳までに複業で３００万円程度の年収を得られていた人は、それに使える時間が増えるため、本業収入がゼロになる分を補って余りある収入を得ることは難しくありません。また、業務委託契約で行う複業には定年がないため、自分が望む限り働き続けることが可能です。

事例を紹介しましょう。

損害保険会社で法人営業一筋で活躍していたMさん（67歳）は、新規開拓から既存顧客管理まで幅広い経験を持つベテランで、管理職も務めていました。しかし55歳のとき、役職定年と再雇用後の収入ダウンに危機感を覚え、休日を使って経営者向けの営業コンサルティングを複業として始めることにしました。

複業はおろか、副業という言葉が一般化するよりも前のことです。「晩婚のためまだ養育費が必要で、当時は何とかして稼がなければという気持ちが強かった」と言います。

実は、Mさんはもともと、取引先の中小企業の経営者から、営業メンバーの育成に関する相談を受けることが多かったとのこと。そこでMさんは、勇気を出してその経営者にこう頼んでみたそうです。「私が役に立てそうな、営業でお困りの会社を何社か紹介していただけないか。その代わり、御社には無料でもっと力になります」と。取引先と個人的な金銭のやりとりをするのはご法度だからです。こうした事情も察したその経営者は快諾し、同じく営業に課題を抱える他の経営者仲間を2人ほど紹介してくれました。

Mさんは、紹介を受けた中小企業2社の営業支援をさっそく開始。営業マニュアルの整備から、提案書の作り方、商談の進め方まで、実践的なアドバイスを提供しました。その会社の売上が目に見えて向上したことが高く評価され、紹介の輪が徐々に広がっていきました。

60歳で役職定年を迎えたことを機に開業し、いわば「会社員フリーランス」として本業と複業を両立。65歳で再雇用期間が終了したのを機に法人化し、現在は月に12〜15日程度の稼働で年収750万円を実現しているといいます。

「自分で売ることができる法人営業経験者はいても、トップセールス不在で売れる仕組みを作れる人は意外と少ないんです」と語るMさんは、現在、営業部門の体制構築支援に加え、若手セールスパーソン向けの営業研修講師としても活動しているそうです。「社外の人間だからこそ、時には踏み込んだ厳しいフィードバックもできる。それが私の強みです」と教えてくれました。

「定年退職まであと1年の自分には、起業するための複業の仕込みが間に合わないのでは」という方もいるかもしれませんが、大丈夫です。第3章では、複業の助走期間が1年程度の場合の突貫工事シナリオも想定したノウハウにも言及しています。

定年退職後すぐに、というわけにはいかないかもしれませんが、80歳まで働くことを前提に長い目で見れば、年収700万円が続くように十分にキャッチアップできます。本書を読んで「一歩踏み出したい」と意欲的になっている今が、行動を起こすべストタイミングです。遅すぎるということはありません。

あなたにおすすめの働き方フローチャート

ここまでの内容を57ページの図4のようにフローチャートにして整理しました。幸福年収700万円が続く人生後半を実現するために、今あなたが始めるべきことは何でしょうか。

まずは、会社に勤めているかどうかが最初の分岐となります。「はい」と答えた会社員の方は、あとは今の会社を転職したい理由があるか、複業は可能か、が分かれ道となります。いずれも結局は複業に着地していますが、分岐による違いは、本業を転職する選択肢を取るかどうかです。

繰り返しになりますが、働く時間の多くを割くことになる本業に大きな不満があるようでは、いかに年収７００万円が続いても幸福感を覚えられないかもしれません。あるいは、副業禁止の会社では、本業と複業の合わせ技で年収７００万円を実現するという大戦略を取れなくなってしまいます。

こういった場合は、まず転職して本業の基盤を整えてから、満を持して複業に手を広げるのが良いでしょう。ただし、第４章で詳しく説明しますが、どうしても55歳を超えると転職マーケットは一気に冷え込んでしまいます。定年まであと5年という人を新たに採用してくれる会社はなかなかありません。今の会社を転職したい理由がある55歳以上の方への現実的な提案は次の３つです。

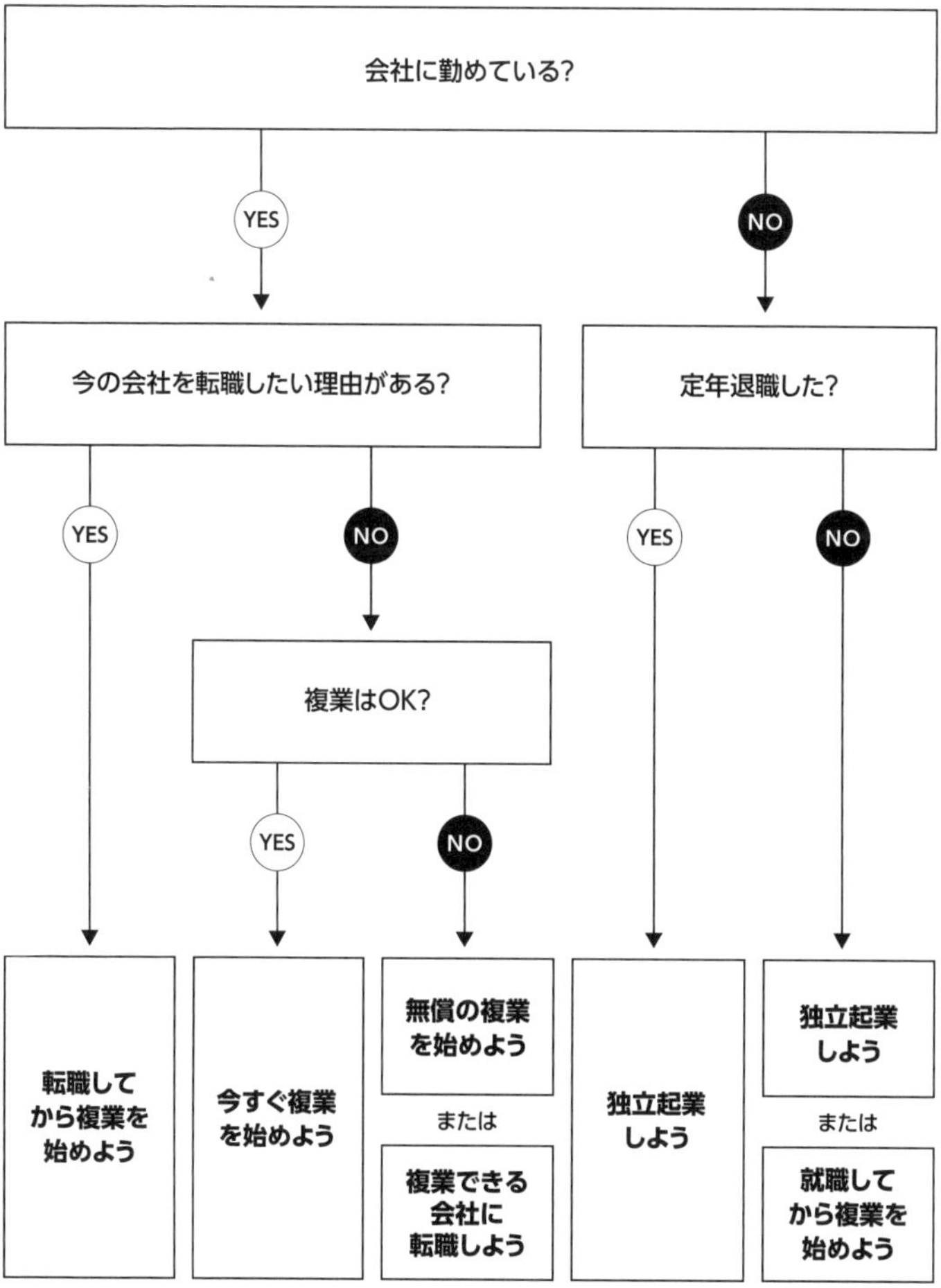

図4　年収700万円を続けるために始めることは?

1　難しいことを承知で転職活動を頑張ってみる

※先述の通り、転職活動自体にリスクはありません

一通り活動した結果、「やはり転職は難しそうだ」と感じた場合は……

2　現職に不満があっても、収入源と割り切って我慢し、そのエネルギーを複業にぶつける

3　我慢ならないほどの不満であれば、早期退職して独立起業の道を選ぶ

※ただし、いきなりの独立起業はリスクを伴うため、複業による助走期間が1年程度あることが望ましいでしょう

さて、最初の分岐に戻り、会社に勤めていないと答えた方についてです。会社を定年退職済み、あるいは現在はフリーランス、自営業、会社経営者の方をここでは想定します。

まず、退職済みの方は独立起業一択です。現在会社に勤めている40～50代の方と違い、本業と複業の二刀流による起業の仕込みが十分にできないことがリスク要因にな

り得ますが、ご安心ください。本書をご一読いただければ、「いきなり起業」のリスクを最小限に抑えることが可能です。

次に、会社員以外の働き方をしている方は、そのまま現在の働き方を続けるか、再就職するかの2つの選択肢があります。80歳まで働くことを念頭に、現在の働き方で、年収700万円が続きそうか、そもそも持続できそうかが選ぶ観点になるでしょう。もし否である場合、55歳未満の方は一度どこかの企業に再就職して今までの働き方をリセットし、落ち着いた状態で複業から仕切り直すのがおすすめです。

どの働き方にもベースとなるデジタルスキルは必須

少し話を変えて、「雇用される」「起業する」「複業する」のいずれにも必須のスキルについて、ここで言及しておかなくてはなりません。そのスキルとはすなわち、デジタルスキルです。

ライフシフトラボで、「複業起業コース」「転職コース」を開講していることは、その経緯も含めてすでにお話した通りです。実はライフシフトラボには、「AIコース」

という第3のコースがあります。

AIコースは、生成AIをはじめとするデジタルスキルを、これまで培った自分ならではの強みと掛け算してキャリアの武器にする術を学ぶプログラムです。すべてのミドルシニアの方々は、これまで培った価値のある強みや経験をお持ちです。それなのに、ちょっとしたITリテラシーが不足しているというだけで、強みや経験を効果的にアピールできていなかったり、届けるべき人に届いていなかったりということが起きています。

こんなもったいないことはない、と考えたことが開講の発端でした。デジタルスキルを単体として捉えるのではなく、ミドルシニアの方々が持っている強みや経験と掛け算してレバレッジをかける触媒と捉えることで、人生後半のキャリアの可能性はもっと広がるのです。

デジタルスキルの有無が年収700万円が続く働き方に大きく影響すると言っても、何もそれは、プログラミングのような「すごく難しそうなこと」を身につけなければならないということではありません。必要なのは、「読み書きそろばん」ならぬ「読み書きデジタル」とも言うべき、少し学びさえすれば誰にでも習得できるスキル。これだけで、キャリアの展望が大きく変わるのです。

第3章、第4章では、複業や起業、転職においてどのようにデジタルスキルを活用すべきか、逆にそのようなスキルが欠如していることで陥りがちな落とし穴はどこかについても詳しく触れていきます。

生成AIが中高年にもたらす空前のチャンス

デジタルスキルの一環として、最近の大きなトピックである「生成AI」についてもお話ししておきたいと思います。生成AIは年収700万円が続く働き方にとって、とても大きな武器になると考えているからです。

経営コンサルタントとして著名な冨山和彦氏は、著書『ホワイトカラー消滅――私たちは働き方をどう変えるべきか』（NHK出版新書）の中で、「デスクワーカーの仕事の多くは、すでに生成AIに代替され始めている」と指摘しています。AI失業という言葉があるように、いわゆるホワイトカラー層にとって、生成AIは「働く人の敵である」という見方もできるかもしれません。

一方で私は、大半のミドルシニアの方にとって生成AIというのは敵ではなく、むしろ今後のキャリアの強力な味方であると捉えるほうが適切なのではないか、と考えています。その理由は、生成AIによって次の2つの大きな変化が生じたからです。

まずは、デジタルスキルの学習コストが急激に低下したことです。たとえばプログラミングの学習は、ビギナーのITエンジニアと名乗れる程度になるまでに1000時間くらいの学習時間が必要とされています。1日3時間の学習を1年間続けると1000時間強です。

私自身が学生時代にコンピュータサイエンスを学んだITエンジニアなので自信を持って言えますが、プログラミングの学習は根気が求められる大変な作業です。初めのうちは、見よう見真似でコードを書いても意図通り動作しませんし、その原因を「あれかな、これかな」としらみ潰しにしていくと、気がついたら平気で5時間たっていた、というような過酷な世界でした。

私自身はそのようなプロセスがそこまで苦ではなく、プログラミングがたまたま性に合っていたと言えますが、とうてい全員におすすめできるようなものではありません。しかし、ご存じの通り、今や生成AIがわずか数秒で有効なコードを記述してくれて、ホームページやウェブアプリなどを簡単に作れるようになりました。その神業たるや、「あの苦労した学習時間は何だったんだ」と、虚しく感じるほどです。

ここまでで何が言いたいかというと、デジタルスキルの学習コストが生成AIによって急激に低下したということです。いわゆる**デジタルデバイド、デジタルスキルの有無による情報格差が、今後ますますなくなっていく**ことになります。

人よりもちょっとITに詳しくて得している人の優位性が薄れ、日本において読み書きができることと同じくらい、できて当然の必修スキルになるはずです。だからこそ、そのような基礎教育が欠如していることで逆に致命的な損を被らないようにしなければなりません。

「経験がものをいう世界」に回帰していく？

次に、**経験によって蓄積された一次情報の価値が高まったこと**です。生成AIの出現前は、世の中にある情報を収集し、編集できることはビジネスパーソンにとってとても重要なスキルでした。しかし、その作業は今や生成AIが、いとも簡単にやってくれます。生成AIは、私たちが慣れ親しんだ「ググる」（グーグルで検索する）という検索行動さえも過去のものにしてしまう破壊力を有しています。すでに、さまざまな情報を収集し、わかりやすい資料にまとめるという典型的なデスクワークは、ライフシフトラボでも大部分がAIに置き換わっています。

このような時代では、長年の経験がものをいう世界に回帰していくと私は考えています。というのも、ググれば載っているような情報を知っていたり、収集できたり、編集できたりする能力の重要性が低下する分、人間の腕の見せ所は、インターネット上にまだ載っていない一次情報をどれだけ持っているかにシフトするからです。

たとえば、手前味噌ですが、本書をAIに書かせることはできないでしょう。実際、私の悪文をわかりやすく書き直したり、「こういうことも書いたら？」という提案をもらったりするのに本書でも生成AIを活用していますが、中身の部分は当然ながら私自身が筆を執っています。インターネット上に載っていないライフシフトラボの現場叩き上げのノウハウ、つまり私ならではの一次情報を、ＡＩは知らないからです。

そのような一次情報の量は、経験量に概ね比例します。つまり、ミドルシニアの方々が本来持っている、経験に裏打ちされた強みの価値が増し、相対的に有利になっていくのです。

こうした背景から、今後、複業や転職、あるいは起業においてミドルシニア人材はますます重宝されるようになるでしょう。みんなが生成ＡＩを使いこなせて当たり前の時代にあってそれを存分に使いこなしながらも、生成ＡＩには出せない独自のアイデアを提案でき、施策を実行できる。そんな経験の蓄積があることは、大きな武器です。インターネット上から情報を拾ってくる生成ＡＩは、そこに誤情報が混じる場合もあります。それを判断するところにも、ミドルシニアの経験が活きるのです。

生成ＡＩの具体的な学習法や活用法は第３章以降をご覧ください。

Column

世界最高齢アプリ開発者、若宮正子《わかみやまさこ》さんに学ぶ、定年後のキャリアで一番大切なこと

１９３５年生まれ、２０２５年で90歳になる若宮正子さんは、82歳でスマホ向けのひな人形位置当てゲームアプリ「hinadan（ひなだん）」を開発。２０１７年には、米アップルが開催する世界開発者会議「ＷＷＤＣ２０１７」で世界最高齢の女性開発者として特別招待され、話題になりました。私が本当にすごいと思ったのは、１９９３年、若宮さんが三菱銀行（当時）の定年を目前に控えた58歳で、初めてパソコンを購入したことです。当時、パソコンが家庭にあった人はごく一部ではないでしょうか。

驚くべきは彼女の知的好奇心であり、柔軟性です。若宮さんはセカンドキャリアに備えて、パソコンを購入したわけではないようですが、結果的に10冊以上の本も執筆するご活躍ぶりです。

人生後半を充実させるための「仕込み」がいかに大切かを教えてくれます。

第2章

複業から起業へ！
45歳から仕込む
キャリア自律ロードマップ

働きがい&高収入を両立する複業のススメ

第1章では、人生後半に年収700万円以上を続けるための方策について、その概略を説明しました。ここからは、各論のノウハウについて詳しくお伝えします。まずは複業編です。

定年後の再雇用終了までの間に年収700万円を稼ぎ、さらにキャリア後半戦もそれが続くための仕込みとして私が一番おすすめしたいのが、「複業」で本業の年収にプラスアルファを生み出すことです。

とはいえ、「理屈はわかってもイメージがわかない。すぐに複業を始めるのは難しそう」と思われる方は少なくないと思います。そこで、複業に関連するサービスを紹介しながら、具体的な複業の像をはっきりさせていくことにしましょう。

百聞は一見にしかず。まずはインターネットで「HiPro Direct（ハイプロダイレクト）」と検索してみてください。「HiPro Direct」は、転職サイトの複業版とも言える複業案件に特化した求人サイトで、このようなサイトは「副業マッチングサービス」（ここでは「副業」と一般的な表記を用います）とも呼ばれます。本書では、わかりやすさ優先で以後「複業求人サイト」と表現することにします。HiPro Directは、国内最大級の転職サイトでテレビCMでもおなじみの「doda（デューダ）」を運営するパーソルキャリアが2022年に始めたサービスで、登録者、求人数ともに増加しています。

会員登録（無料）をすると、さまざまな職種や地域の複業求人が見られます。

「地域の魅力がつまった新しいパンの商品開発に力貸してくれる方、募集！」
「営業社員育成のご支援依頼」
「当社に合った採用手法をご提案ください」

このように、業務内容も多岐にわたることがおわかりいただけると思います。

平日夜や土日をメインに働く複業者でも参画できるように、掲載求人の多くはリモートワークを前提としているので、たとえば東京にいながら、鹿児島県の地場産業に貢献することだってできるのです。

パーソルキャリアは長年求人サイトを運営しているだけあって、HiPro Directは求人票の内容が非常に具体的でわかりやすいのが特徴です。ざっと求人票を眺めるだけでも、中小・零細企業が抱えるさまざまな課題が見えてきますし、「チャレンジしてみたい！」という意欲をそそられるものが多いですよね。募集している職種が多様であることから、「この仕事なら私にできそう」と思える求人がきっと見つかるでしょう。

もうひとつ、「ココナラ」というサイトも見てみてください。ココナラは、個人のスキルを「メルカリ」のように気軽に売り買いできる日本最大級のスキルマーケットです。テレビCMで見たことがある方も多いかもしれません。

「IT・開発・プログラミング」「マーケティング・Web集客」「動画制作・編集」「ライティング・翻訳」などのビジネススキルだけでなく、「占い（チャット・電話）」「受験指導」といった趣味やプライベートの経験を活かしたサービスも出品されています。

サービスの詳細ページからは、何回購入されたかを示す販売実績を見ることができます。「子育ての悩みを聞きます」など、（大変失礼ですが）高度な専門性がなくてもできそうなサービスが何度も購入されているのを見ると、ワクワクしてきませんか。

少し下世話ではありますが、そのサービスの金額に購入実績の回数を掛け算すれば、出品者がこれまでにいくら稼いだのかを推測することもできますね（厳密には、最初から現在の価格で売られていたとは限りませんが）。

企業に雇用されるという前提を捨てれば、年収700万円が続くために活かせるスキルはビジネススキルだけではありません。ココナラでもたくさん出品されているように、趣味やプライベートの経験、ちょっとした特技を活かし、個人のお客さんからお金をもらう「B to C」タイプの働き方もキャリアのひとつのあり方です。複業あるいはその延長線上にある起業の可能性も開けます。

たとえば、占いが得意でも（占いを事業とするような特殊な会社は除き）会社員としては評価されませんし、転職でも正直有利にはなりませんが、個人事業で占い師として生計を立てることはできるかもしれません。それこそ会社員以上に、億単位で稼いでいる占い師だっているのはご存じの通り。これは、「働くとは、会社に雇用されること」という固定観念を捨てるとキャリアの幅が広がる好例です。

Case

タロット占いとキャリア相談で複業時給1万5000円!

　せっかく資格を取ったのに、十分に活かせていない方は多いのではないでしょうか。国家資格キャリアコンサルタントの資格を3年前に取得した派遣社員のBさん（54歳女性）もその1人でした。定年後も働けるようにと約30万円の学費を投資して取得したものの、有資格者のコミュニティ経由で単発のキャリアコンサルティング案件をときどき受託するだけの状態が続いていました。「学費の元を取るにはほど遠い収入だった」そうです。

　状況が変わったのは、以前からのBさんの趣味のひとつだったタロット占いが、キャリアコンサルティングと相性が良いことに気づいてからでした。人が占ってもらいたい悩みにはどのようなものがあるでしょうか。恋愛、お金、人間関係、そして……そう、キャリアです。

　日本では欧米に比べ、キャリアコンサルティングを受ける習慣がまだ一般的とは言えません。そこで彼女は、正統なキャリアコンサルティングに興味を持ってもらう小道具として、タロットカードを使ってみることに。数人の知人に試してみたところ、これが大評判！　今では１時間の相談で１万５０００円でもお客さんがつく、売れっ子キャリアコンサルタント（占い師？）になっています。

私は彼女の成功要因は２つあると考えています。

ひとつは、タロットカードの存在がキャリアコンサルティングのハードルを下げた以上に、Ｂさんのサービスの購入頻度を高めたこと。とかく単発のサービス提供で終わってしまいがちなキャリア相談に占いを掛け算したことでリピート率が上がり、ＬＴＶ（顧客１人あたりの生涯価値）を高めることに成功したわけです。

もうひとつは、見せられる画《え》ができたこと。キャリア相談のような無形のサービスは、それがどんなものなのかを視覚的に説明することが難しい商材です。そこにタロットカードという目に見える小道具が加わったことで、ＳＮＳ（ソーシャルネットワーキングサービス）でＰＲしやすくなった、具体的にはインスタグラム（Instagram）に投稿できる映《ば》える画像を作れるようになったというわけです。

私が複業を推す理由

複業のイメージを共有できたところで、あらためて私が人生後半のキャリア形成の方法として複業をおすすめする理由を説明しましょう。理由は大きく3つあります。

1　失敗がなく、ノーリスクであること

転職にはどうしてもリスクはつきものです。どれだけしっかり情報収集しても、最後は当たって砕けろ、で飛び込むしかありません。いざ入社してみたら、思っていた仕事と違った、社風が合わなかった、特定の上司とのウマが合わなかったなどというミスマッチがどうしても起こり得ます。転職しやすい時代とはいえ、40～50代ともなると「ダメなら次」とは考えにくい。そのまま我慢して働くこともなかなか苦しいはずです。同様に、いきなり辞めて起業することにも大きなリスクがあります。

一方で、やめたくなったらすぐにやめられるのが複業のいいところ。不退転の決意は必要ありませんし、やめたところで本業の勤め先での立場や評価に悪影響を及ぼすことは、まずありません。また、起業と違って金銭的な初期投資やランニングコスト

が不要のため、倒産する、一文無しになるといったリスクとは無縁です。勤め先での立場も、お金も、失うものは何もないゼロの状態から積み上げることができる。マイナスがなく、プラスしかない点は複業ならではの良さです。

2　タイムリミットなしでじっくり育てられること

起業の場合、事業が軌道に乗るまでは現預金がどんどん減っていきます。それがゼロになったら試合終了ですから、成功するまでのタイムリミットがあるわけです。

複業にはそれがないため、焦らず腰を据えて活動できます。50代後半の方であっても、定年後の再雇用期間が終わるまでまだ5年以上もあります。５年もの間、しっかりと自分の複業活動に取り組んで、スキルを磨き、あるいは人的ネットワークを広げることができるのです。

3　本業にも好影響があること

意外かもしれませんが、パーソルキャリアが実施した「企業の副業人材の活用実態と副業実施者の本業への影響調査」（２０２３年）によると、複業している人の63・

5％が、複業が本業に「良い影響を与えている」と回答しています。驚くべきは、本人だけではなく、複業しているメンバーがいる管理職に対する同じ質問でも、実に66・5％が「(部下の複業は本業に) 良い影響を与えている」と回答しているのです。「複業をするのは、今の勤め先の会社に対しての裏切りではないか」と感じている方もいるでしょう。しかしそれは少し古い考えかもしれません。今や複業は上司すらも本業に好影響があると認めるほど、会社の中での評価が高まっているのです。許可されているのであれば、後ろめたいと思う必要はまったくありません。

複業がなぜ本業に好影響を与えるのでしょうか。その理由は、複業活動で鍛えられる主体性にあるのではないかと私は考えています。複業は自分が好き好んでわざわざやることですので、自分で自由に考え、活動できます。会社の仕事では「お前はこれをやれ」という指示・命令がありますが、複業には一切それがありません。

会社で座っていれば仕事が降ってくる働き方に慣れてしまうと衰えてしまう、自分で仕事を取りに行く姿勢や行動力が、複業活動を通じてよみがえります。本業でのパフォーマンスも高まることは必然だと思います。

Case

スタートアップでの複業で、本業での活躍の幅が広がったCさん

中堅の旅行代理店で法人営業に従事するCさん（51歳男性）は、悩みを感じていました。それは、仕事にやりがいがないこと。15年前にこの会社に転職してきたときから、やっている仕事は変わっていない。慣れきった業務では成長実感も得られない。年齢的にも、これ以上のキャリアアップや昇給は望めない。

会社の仕事は生活のための「ライスワーク」と割り切り、複業をライフワークにしようと考えたCさんは、フリーランスや複業家が集う月額制のオンラインコミュニティに登録。コミュニティが主催するイベントに何回か参加するうちに、知り合ったメンバーから法人営業に明るい複業人材を募集している会社を紹介してもらうことができました。

その会社は、次世代の分散型インターネット技術であるWeb3関連の法人向けサービスを提供するITスタートアップで、法人顧客のニーズに合わせてオーダーメイドのサービスを提案してきたC

さんの営業経験が活かせそうでした。

ーＩＴスタートアップという、本業とはまったく異なる環境で働くことになったＣさん。フルリモートワーク、20代中心の社員、初めての業務用ツール、聞き慣れないカタカナ言葉に最初は戸惑いつつも、「自分も若返った気がして、水を得た魚のように働いた」とか。基幹技術であるＷｅｂ３の見識を深め、興味が増していったＣさんに、本業でも転機が訪れました。社内で新規事業コンテストが開催されたのです。

Ｃさんは、身につけたＷｅｂ３の知識をフル活用して、関連する事業アイデアを試しに提案してみました。なんとそのアイデアはセミファイナルにまで進み、経営陣にプレゼンする機会もあったといいます。優勝はできず事業化には至らなかったそうですが、この新規事業コンテストを通じて「Ｗｅｂ３といえばＣさん」と会社中に認知され、Ｃさんは周りから頼まれてＷｅｂ３の社内勉強会を主催するようになったそうです。

「ライスワークと割り切っていた本業で、やりがいを取り戻すことができた」と語るＣさんは、積極的な姿勢が評価され、その後、営業部から新規事業部に異動することに。まさに本業と複業が共に充実している、パラレルワーカーのロールモデルとして活躍しています。

従業員の複業を奨励する企業も出てきている

本業にも好影響があることを理由に、従業員の複業を禁止するどころか、むしろ推奨する会社も増えてきています。三井住友海上火災保険は２０２２年、課長昇進の条件として複業などの社外経験を必須にすると発表し、大きな話題を呼びました。また、ロート製薬は、「社外チャレンジワーク」という制度で複業を奨励し、複業の実践者に関する情報を社内外に積極的に発信しています。ライフシフトラボにも、大手企業から複業デビュー研修をご依頼いただく機会が増え、複業を人材開発の手段として位置づける流れが来ていることを肌で感じています。

企業は従業員の複業を推進することにどのようなメリットを感じているのでしょうか。特に40～50代の社員に対する企業の狙いは次の３つです。

1　持てるスキルに磨きをかけ、より高いパフォーマンスを発揮してもらいたい

経験豊富であるがゆえに、ともすればルーティンワークになってしまいがちな勤め

先の慣れ親しんだ環境では、せっかくのスキルも十分に発揮されることなく衰えていくおそれがあります。そこで、少なからぬ企業が40～50代社員に対し、他流試合の場である複業でスキルを研ぎ直してきてほしいと考えています。

また、社外からオープンイノベーションを呼び込みたいと考えている企業もあります。大企業は、社員の人間関係が社内に閉じている危機感を多かれ少なかれ持っています。具体的な例として「一向に社員の名刺が消費されない」といえばわかりやすいでしょう。そのような内向き指向では、外からのイノベーションに対応できません。責任のある立場に就いていることも多い40～50代社員が複業することで社外人脈を作り、スタートアップ企業などとの協業を生み出すことが期待されています。

2　役職定年などに伴う年収ダウンを複業収入で補い、モチベーションを維持してもらいたい

一般的に、会社員の年収は50代前半でピークを迎え、その後は役職定年などに伴い減少に転じます。年収の減少はどうしても不安を招きます。しかし会社としても、限られた金銭的リソースを次の世代に配分していかなければなりませんから、背に腹は代えられない。せめて減った分の収入を複業で補えるように支援することで金銭的な憂いを減らし、モチベーションを維持して長く働き続けてもらいたいという狙いが企業にはあります。

逆に、複業の機会すらも与えてくれないのに年収だけは下げるような会社には見切りをつけてはどうか、という私の考えは先述した通りです。

3　定年後のセカンドキャリアの準備を支援したい

２０１７年12月の経済産業省のレポート「『人生１００年時代』の企業の在り方」において、「企業の役割も『雇い続けることで守る』から、『社会で活躍し続けられるよう支援することで守る』に、変容が求められている」と言及されました。この頃から、充実したセカンドキャリアを送ってもらうために会社として支援すべきだという機運が急速に高まりました。

定年という制度は、見方を変えれば年齢という数字だけで強制的に社員をクビにする残酷な制度とも言えます。会社の新陳代謝を図るためには致し方ない面もあるとはいえ、長年会社で働いてくれた人をいきなり社外に放り出してしまうのはひどいのではないか、その前に社外に目を向けてもらう機会を作るべきではないか、という発想です。セカンドキャリアに関するカウンセリング機会やマネープランニングといった支援施策を、人事部のほか、労働組合が実施することもよくあります。

このように言えば聞こえは良いですし、多くの企業は本当にそう考えているのですが、中には「セカンドキャリア支援」を実質的な中高年リストラ施策として位置づける企業もあります。「複業によって社外に目を向けてもらい、あわよくば早期退職制度に手を挙げ、早く会社から出て行ってもらおう」という魂胆です。

こうなってはもはや、複業を始めることは自ら進んでワナにかかりに行くようなものではと考える人もいるでしょうが、そのようなことはありません。複業を真っ先に始めるような（行動力があって優秀な）社員はむしろ残ってほしいというのが企業の本音です。社外に目を向けてもらうために複業を推進しているのに、内心辞めてほしい社員ほど、会社にしがみついて複業しないという大いなる矛盾に、企業も試行錯誤しているようです。複業を始めることが、リストラの対象になる踏み絵と化すことはありませんのでご安心ください。

ただ、こうした企業側の考え方を知っておくことは、これから複業を始める上で損にはなりません。勤め先の考え方を理解することで、複業家として本業の勤め先とどのような距離感で付き合うべきか、手がかりを得ることができるでしょう。

複業の2分類――応募型と事業型

ここからは、あなたにマッチする複業は何かを考えていただくために、複業の分類について説明します。案件を獲得する方法の性質の違いで、複業は「応募型」と「事業型」の2つに分けられます。

応募型・事業型それぞれの特徴を理解し、自分がやってみたいほう、あるいはできそうなほうに挑戦してみてください。もちろん両方トライしてもいいと思います。順に説明しましょう。

1　応募型複業

まず「応募型」は、前述したHiPro Directのような複業求人サイトに応募することで案件獲得に至るタイプの複業を指します。応募してからは書類選考があり、面接を何回か受けて、合格したら案件獲得となる、という転職活動と似たプロセスを取ります。

応募型複業の何よりのメリットは、選考に通過することさえできれば、案件をスピーディに獲得できるという点です。応募型複業ならば、今日その気になれば、1週間後には複業デビューできてしまう人もいるでしょう。

1案件を獲得できれば、最低でも月5万円前後の収入を継続して得られる安心感もあります。継続して得られるといっても、業務委託契約の複業では、雇用契約よりもはるかに契約を終了されやすい（つまり切られやすい）ことに注意が必要です。

さて、「選考に通過することさえできれば」と簡単なことのように言いましたが、実はこれこそが最大のハードルでありデメリットになる点でもあります。応募型複業は総じて競争率が高く、狭き門になりがちなのが現実です。ライフシフトラボでも募集側として複業求人を出すことがよくありますが、ひとつの求人に対して20〜30人、多いときには50人以上の応募があります。

募集企業側からすれば、たくさんの方に応募いただいて嬉しい限りですが、応募し

応募型	事業型
・複業求人サイトの案件に応募する	・自分ひとりでできる事業を作り実行する
・転職活動に近い	・起業に近い
・選考に合格すればすぐに複業を始められる	・最初の顧客獲得までに時間がかかる
・選考に合格すればいきなり月商数万円を稼げる	・まとまった収入を得るのに時間がかかる
・複業の内容は求人企業側が決める	・複業の内容は自分で自由に決める
・一定の収入を安定的に稼げるが、得られる収入額には限度がある	・安定収入を得るのは難しいが、得られる収入額は理論上、青天井

表1　案件獲得方法の違いで2つに分けられる複業

た複業人材側の立場では、その数だけライバルが存在するということにほかなりません。ライバルが多いために、条件交渉がしづらく、報酬額が企業側の言い値になりやすい点もデメリットのひとつです。

こうした特徴を踏まえると、応募型複業に向いているのは、これまでの社会人経験で培った、社外でも通用しそうな一定の専門分野や職務経験がある人と言えるでしょう。もっとも、HiPro Directの求人を実際にご覧いただければわかるように、際立った専門性がなくても取り組めそうな案件はたくさんあります。「自分には難しそうだ」と及び腰にならず、後述する応募型複業のデビューステップにぜひ取り組んでみてください。

2　事業型複業

転職活動に似ている応募型に対し、2つ目の「事業型」は、起業に近い動きが求められます。会社を辞めずにフリーランス、個人事業主のような形で自分で事業を創り出し、営業活動を経て案件獲得（受注）に至るタイプの複業です。

営業というと大変そうなイメージがあると思いますが、そんなことはありません、と言いたいところですが実際その通りで、まず収益化までに時間がかかり、一定の収益を得るのにまた時間がかかり、その収益を安定させるのにさらに時間がかかります。これは「応募型」と好対照のデメリットかもしれません。

ただ一方では、**軌道に乗るとそれこそ起業レベルの収益化も可能になる**、という楽しみもあります。ビジネスモデル次第で収入は青天井になる可能性もあり、これは大きなメリットと言えるでしょう。

もう一点、やれることの幅が広いというのも事業型複業のメリットです。応募型複業で出てくる案件というのは、そもそも企業が募集する以上、基本的には企業から報酬をもらうBtoBタイプの複業しかありませんし、複業人材に依頼される仕事は、ある程度限られてきます。たとえば、先ほどもお伝えした占いという特技を活かせる案件は複業求人サイトにはまず出てこないでしょう。

その点、「事業型複業」は自由です。アイデア次第で自分自身の事業を思った通りに構築できます。もちろん、実際に売れるかどうかはやってみなければわかりませんが、好きなことを複業にしたい、個人からお金をもらうBtoCタイプの複業に挑戦したい、時間がかかっても構わないからたくさん稼ぎたいという方には、事業型のほうが向いています。

このように2つに分類しましたが、どちらかを選ばなければならない、ということではありません。時間さえ許せば両方ともやってみて、自分に合うほうに決めていただいてもいいでしょう。どのような目的で複業をしたいかを自己分析し、それぞれの特徴、メリット・デメリット・向き不向きを参考に考えていただければと思います。

案件獲得はラクじゃない――45歳以降の複業マーケット

ここまでをお読みいただいて、複業のイメージが具体的になった、すごく楽しそう、という印象を持っていただけたらとても嬉しいのですが、「でも、難しい一面がある」という事実はお伝えしなければならないと思います。

まず言えることは、複業は概して「買い手市場」だということです。ここが転職市場とまったく違うところです。今現在、転職活動は全体像で見ると明らかに売り手市場。人手不足で求職者側がパワーを持っているマーケットですが、複業は必ずしもそうではありません。複業求人サイトでの案件獲得は狭き門で、複業マーケットはまだ希望する人に対して、案件の数が少ない、真逆のマーケットであるのが現状です。複業人材を活用することが世の中に定着し、案件数が増えるのにはまだ時間がかかると考えられます。

さらに、ミドルシニアにとっての複業デビューまでの道のりは一層険しい、ということも申し上げなければなりません。

その大きな理由は、複業人材を積極的に登用している企業は、経営者もメンバーも若い世代が中心のＩＴスタートアップが多いためです。スキルがよほど高ければ別ですが、複業人材であっても基本的には自社メンバーの年齢層に近い人が好まれることは想像に難くありません。

加えて、ＩＴスタートアップ企業が募集する複業求人は、ＩＴエンジニア、ウェブマーケター、ウェブデザイナー、ＳａａＳ（サービスとしてのソフトウエア）のカスタマーサクセスなど、やはりＩＴ系の職種が多い傾向にあります。いずれも、ＩＴ業界の外で、日本企業に多いジェネラリスト型の総合職キャリアを積んできた方にとっては、応募条件を満たしづらい職種です。

少し厳しい話をしましたが、諦める必要はありません。ここにきて複業マーケットに変化が起きており、複業人材を活用する企業の裾野はＩＴスタートアップ以外にも広がってきています。特に、地方の中小企業や地方自治体が複業人材を活用して、地域活性化や地場産業の盛り上げに取り組む事例がどんどん出てきているのです。

先述の「HiPro Direct」も、自治体や地方銀行と連携して全国各地の複業案件を精力的に掘り起こしていますし、「Skill Shift（スキルシフト）」や「YOSOMON!（ヨソモン）」など、地方企業での複業に特化した求人サイトも出てきています。「複業クラウド for Public」は、「日本最大の自治体と複業人材を結ぶマッチングプラットフォーム」を標榜し、２０２４年12月時点で累計２００以上の自治体で導入実績があるとしています。

こうした分野では逆に、ミドルシニアのキャリアや経験が大いに活きるところでしょう。というのも、ＩＴスタートアップとは違って、依頼主側もミドルシニア世代であることが多く、ＩＴスタートアップのケースとまったく同じ理屈で自分たちの年齢に近そうな人が登用される傾向があるからです。

複業のマッチングに自治体自身が取り組む事例も出てきています。東京しごと財団と東京都が運営する「プラチナ・キャリアセンター」はその好例です。プラチナ・キャリアセンターでは、50歳以上のミドルシニア世代のキャリアシフトを支援するべく、副業・兼業の情報提供、専門家による個別相談の機会を提供しています。無料の会員になれば、虎ノ門にある専用のコワーキングスペースを使い放題という大盤振る舞いの特典も用意されています。

こうした複業支援に取り組んでいるのは東京都だけではありません。インターネットで「○○県／市　副業支援」などと検索すれば、あなたのお住まいの自治体での制度が見つかるかもしれません。

いずれにせよ、応募型であれ事業型であれ、案件獲得や収益化のためには自分の強みをしっかりと理解し、それを評価してくれる顧客に対して適切にアピールするステップを踏む必要があります。ここからは、その具体的な方法をお伝えします。

複業の武器は、コンテンツ思考

ここまで複業のイメージをお伝えし、複業のマーケットがどうなっているかを説明してきました。ここからは実際に複業を始めるためのファーストステップ、具体的なアクションについて説明することにします。

ここまでお読みいただいて、「よし、じゃあ複業を始めてみようか」と思い立ったとき、多くの人が最初にぶつかる「壁」は何でしょうか？　それは「複業の武器になるような自分の強みがわからない」という壁です。「私は一流企業に勤めているわけでも、これといったスキルがあるわけでもない……」と。ご安心ください。複業の武器になる強みは、実は40～50代の方ならどなたでも持っています。

複業を始めるのに、一流企業に勤めている必要はありません。むしろ、分業が進んだ大企業よりも、小さな会社であれもこれもいろいろ1人でやってきた人のほうが、活かせる「食材」の種類をたくさん持っていることだって多いのです。「強みがわからない」と感じるのは、どの食材を冷蔵庫から取り出し、どう調理すれば人様に出せる料理になるのか、単にその知識がないからにすぎません。

強みがわからなければ、どんな複業を始めるべきかも明確になりません。まずは勤め先の外でも活かせる自分の強みやスキルを棚卸しし、複業デビューのファーストステップを踏み出しましょう。


しかし、この強みの棚卸しというのはなかなかやっかいなものです。そもそも強みという言葉が曖昧で捉えどころがないために、考えてもなかなか明確にはなりませんよね。もっと言えば、勤め先のキャリア研修でワークシートを用いて棚卸しするような強みの多くは、こと複業デビューにおいては役に立たないことも多いのです。

たとえば「調整力」を強みとして挙げたとしましょう。複業を希望する企業の面接で「私の強みはさまざまな利害関係者の意見をまとめあげる調整力です」とアピールしても、それを評価して採用してくれる企業はありません。調整力が実際に複業として取り組む仕事で役に立つ場面があることは否定しませんが、それは採用された後の話です。

では、どうすればいいのか。ミドルシニアの複業活動においては、「強み」という曖昧な言葉をいま一歩具体的に落とし込む必要があります。単なる強みを本当に役に立つ強みに昇華する上で私が提唱したいのが、「コンテンツ」という概念です。

一般に「コンテンツ」といえば、動画コンテンツ・音楽コンテンツなど、とりわけインターネットサービスにおいて提供される価値のある情報の集合体を指すことが多いと思います。同様に、複業におけるコンテンツも情報の集合体で、「会社あるいは他者にとって価値がある、再現性のある知識体系・ノウハウ」を指します。もっと平たく言えば、会社や他者が、あなたにお金を払ってでも教えてもらいたい何かのことです。コンテンツはたいてい「○○する方法」という語尾で表現できます。

【コンテンツの具体例】
・売れる営業組織を作る方法
・自社製品をZ世代に低予算で訴求する方法
・バックオフィス業務をDXする方法

まずは自分の持つコンテンツを明確にしよう

具体的に説明しましょう。経理部門で働いている読者の方もいると思います。では、それを理由として「経理が自分のコンテンツだ」とアピールできるでしょうか？

いいえ、それはまだコンテンツとは呼べません。経理は、あくまで職種の名称であってコンテンツではありません。

具体的に考えてみましょう。そもそも企業はなぜ複業人材を募集するのでしょうか。その理由の本質を、私は「拡張機能」というキーワードで捉えています。拡張機能（アドオン、アドイン、プラグインとも）とは一般に、何らかのソフトウエアに便利な機能を新たに追加することができる仕組みのことを指します。

企業には従業員がいて、多くの場合、その従業員だけで会社に必要不可欠な機能は網羅されています。経理を例に取れば、経理担当者は複業人材を採用せずともすでに従業員の中にいるか、あるいはすでに外注しているはずです。なくても会社が回らないほどではないけれど、あったほうが便利な今はまだない拡張機能。複業人材に期待されているのは、そのような便利機能を提供することなのです。

そこで、経理に関連する拡張機能として、「経理事務を自動化して人件費を削減する方法」としてみるとどうでしょうか。ここまで具体的にすると、コンテンツになります。経理の知識を持っている従業員はいても、経理事務を自動化して人件費を削減できる従業員はいない。こういうときに、そのノウハウ単品を外部から輸入するための案件が複業マーケットに出てきます。

言い換えれば、企業が本質的に求めているのは、複業人材が持っているノウハウ、つまりコンテンツであって、複業人材の労働力そのものではないということです。

このように、自分が持つコンテンツ＝「じぶんコンテンツ」を明確にすることが、すなわち強みの棚卸しと言えます。自分の中に価値あるコンテンツがある限り、そのコンテンツをどの会社に、あるいは誰に売るのかを自分でコントロールする（＝律する）ことができます。複業デビューひいては自律的なキャリア形成の源泉は、自分ならではのコンテンツは何かをしっかりと認識しておくことです。

Case

営業事務の経験を活かして複数の零細企業を支援、月15万円の複業収入を実現したKさん

派遣社員として大手不動産会社の営業事務を担当するKさん（48歳女性）は、「このままずっと派遣社員でいいのだろうか」という不安を抱えていました。手取り24万円の収入は、シングルマザーとして娘の学費をまかなうには決して十分とは言えません。かといって、正社員転職は年齢的にハードルが高いことも理解していました。

在宅でできる複業はないかと考えていたとき、担当していた営業チームのメンバーから「貿易会社を経営している知人が営業事務員のアルバイトを募集している」という話を耳にします。

「これだ」と思ったKさんは、その社長を紹介してもらい、「アルバイトではなく業務委託契約で」とお願いしました。労働時間の管理が求められる雇用契約よりも、業務委託契約のほうがKさんにとっても好都合だったのです。ご本人の意向を受けて、会社側も業務委託でも取り組める仕事内容に調整してくれました。

複数の大手企業の派遣先で培った、営業事務スキルが高く評価され、その日のうちに契約に至りました。営業事務を一歩掘り下げ、「さまざまな業務フローやツールに対応できる汎用性の高い営業事務ノウハウ」は、Kさんの立派なじぶんコンテンツだったのですね。

Kさんは、受発注管理、在庫管理や納期調整、請求書発行などの業務を、週15時間の在宅ワークで担当することになりました。ほとんど残業がないKさんにとって、平日の夜と土日で15時間を捻出するのは難しくはありませんでした。

「小さな会社は独自の業務フローが確立されていないことも多いので、大手企業で学んだ効率的な事務処理の方法を提案すると、とても喜んでいただけます」とKさん。次第に信頼され、ほどなくして報酬も20%以上アップ。本業と合わせた月収は40万円ほどになりました。

複業の武器になる強みとじぶんコンテンツ発見ワーク

ここからは、じぶんコンテンツの棚卸し方法をお伝えします。まず、企業にとって魅力的なコンテンツは、以下４つの条件を満たしている必要があります。

１　ニーズがあること

複業は自分だけで完結するものではなく、あなたにお金を払ってくれる企業や個人などの相手がいて初めて成立するものです。相手にとって価値がなければ、自分にとってはどんなにすごいノウハウであっても評価されません。

２　希少性があること

みんなが持っているようなありふれたコンテンツではなく、あなたならではのコンテンツに価値があります。あなたのコンテンツが希少性を持つ環境に身を置くのも良いキャリア戦略です。今の勤め先や周りでは当たり前のことでも、他の会社では希少なノウハウや知識体系がきっとあるはずです。

3　再現性があること

本業の勤め先でしか通用しない条件付きノウハウはコンテンツとは言えません。他の会社でもそのノウハウを再現して成果を出す必要があります。個人からお金をもらうBtoCタイプの複業では、誰に対してでも一定品質のサービスを提供できることが再現性です。うまくできるときとできないときの差が激しいようでは安定した収益化は遠のいてしまいます。

4　鮮度があること

コンテンツにも消費期限があります。消費期限の長さはコンテンツのテーマによって異なり、IT関連のコンテンツは特に「足が早い」ものの代表例です。たとえば情報セキュリティの専門家を名乗ろうとしても、それが10年前に経験したキャリアであったとすると、かなり無理があります。

Case

時代遅れだと思っていたコンテンツが令和にヒット。昭和営業マンがITスタートアップで複業

自分では消費期限切れだと思っていたコンテンツが、実はそうではないケースもあります。

代理店営業一筋のキャリアを歩んできた53歳男性のAさんは、自称「ザ・昭和」の営業スタイルしか知らないことに引け目を感じていました。

「営業は飲んでナンボ。夜は銀座の高級クラブで、休日はゴルフで接待。本社の車寄せで社長の車のナンバーを覚えて出待ちする。こんな古臭い営業、時代遅れですよね。もう誰もやっていないですよ」と。

ところがAさんは現在、「昭和式」法人営業のプロを掲げ、令和創業の若いITスタートアップ向けのコンサルタントとして複業で活動し、1社あたり月数万円の顧問料を取っています。時代遅れだと思っていた営業スキルが、場所を変えれば価値を持つことに気づいたのです。

ズーム（Zoom）によるオンライン営業やAIを用いたマーケティングオート

メーションが当たり前、ゴルフ接待なんてしたこともされたこともないITスタートアップの若手メンバーにとっては、古き良き昭和型の営業スタイルは逆に新鮮に映りました。スタートアップの営業先の決裁者は、えてして昭和型営業のど真ん中世代であることが多いことからも、ぜひとも取り入れたいスキルだったのです。

そこでAさんは、自分の昭和型営業スタイルを、平成生まれが経営する令和創業スタートアップでも実践できるように現代風にアレンジして体系化しました。

その内容は、飛び込み営業のコツから接待のためのお店の選び方、お酌の仕方、相槌《づち》の打ち方、話し方、服装に至るまで……。

さらにAさんは、ITスタートアップで働く上では必須のスラック（Slack）やノーション（Notion）などのITツールの使い方やデジタルコミュニケーション術をリスキリングして身につけました。その結果、現在は令和のオンライン商談に昭和の人間味ある営業スタイルをブレンドする、ハイブリッドなセールスパーソンとして本業でも活躍しています。

実践編

じぶんコンテンツの見つけ方
——「もしあなたがハウツー本を書いたら」

ここで、複業の武器になるコンテンツの棚卸しをするために自分で進められるワークの手順を説明しましょう。まずは読み通すだけでも構いませんが、紙とペンを用意し、1時間ほど確保してぜひあらためて取り組んでみてください。

まずは、1冊のハウツー本を書けるくらいの「◯◯する方法」をひねり出し、タイトルを考えてみよう、というワークをやってみましょう。できあがるタイトルこそが、あなたならではの「じぶんコンテンツ」にほかなりません。

ハウツー本とは、まさに本書のようなビジネス書や自己啓発書。あるいは書店で趣味・実用書コーナーに置かれている、たとえば料理、ハンドメイド、教育など、暮らしに関わるマニュアル本でも構いません。

「本が書けるほどのノウハウなんて自分にあるだろうか」と思われるかもしれません。でも、大丈夫です。このワークはライフシフトラボで何人もの受講生に実施していますが、ついぞ何も出てこなかったという方は過去に1人もいません。ワークを試した方の1人がこう言っていました。「人生50年近く生きていれば、ちゃんと振り返ればある程度話せることというのは何かしらあるものですね」と。本当にその通りだと思います。

とはいえ、いきなりハウツー本のタイトルを考えてくださいと言われても困ってしまいますね。そこで、いくつかのステップに分けて考えていきましょう。

ステップ1――職務経験・人生経験の棚卸し

言うまでもなく、コンテンツはあなたがこれまでに経験してきたことの中にあります。コンテンツという「完成された料理」を考える前に、まずは自分の冷蔵庫を開け、どんな食材（＝経験してきたこと）が入っているのかをしっかりと確認しましょう。

人生経験が長いだけに、これまで経験してきたことは案外忘れてしまっているもの。

まずはウォーミングアップも兼ねて、社会人になったときから現在に至るまでに経験してきた仕事を、107ページの図5のフォーマットを使って思いつくままに書き出してみてください。

また、すでに述べたように、仕事以外の趣味やプライベートの経験でも複業の武器になり得ます。特に個人からお金をもらうBtoCタイプの事業型複業と相性抜群です。実際、ココナラでは、先述の占いに加え、試験対策、メイクレッスン、旅行プランの提案、ダイエット指導、プラモデル製作、競馬の勝ち方指南（！）など、個人客を対象とする多種多様なサービスに多くの買い手がついています。

趣味やプライベートの経験の棚卸しには、土谷愛著『月収＋10万円こっそり副業術――特別なスキルがなくてもできる』（日本能率協会マネジメントセンター）に記載の棚卸し質問セット（一部筆者改変）を活用させていただきました。「複業になりそうか否か」という先入観はいったん捨て、それぞれの質問の回答を書き出してみてください。

人生経験の棚卸し質問セット

◆人生でお金をかけたと思うことは何ですか？
◆人生で時間をかけて取り組んだなと思うことは何ですか？
◆これは努力したなと思うことは何ですか？
◆なぜか人からよく褒められることは何ですか？
◆職場や友人からよく頼まれる・相談されることは何ですか？
◆気がつくと時間を忘れて没頭してしまうことは何ですか？
◆ちょっとだけ自慢できる特技は何ですか？
◆ちょっとだけ珍しい経験は何かありますか？
◆ちょっとだけ人よりも詳しいことは何ですか？

ステップ2 ―― 経験タグ付けワーク

さて、ステップ1を通じて、あなたが使える食材がすべてテーブルの上に載った状態になりました。食材を選び、そして調理しやすくするために、食材を経験タグ付け

年／月〜	会社名	部署名	担当業務の詳細	取り組んだ課題（どのような課題を解決したのか？）	達成したこと
2021年4月〜	株式会社ライフシフトラボ	人事総務部	中途採用担当。採用リーダーのもとで、全職種、年間10人程度の採用の計画策定、媒体選び、求人票作成、面接を一気通貫で実行。	内定者の承諾率が低く、優秀な人材を取り逃してしまっている・採用コストが上がってしまっている。	選考中に読んでもらえる社員インタビューや福利厚生の情報を網羅した小冊子を作り、配布。面接担当者へのトレーニングを徹底し、面接体験を向上させることで、内定承諾率を前年比30% 上げる。採用コストを20%カット。

図5　まずは今までに経験してきた仕事を洗い出そう

ワークで少し加工しましょう。

経験タグ付けワークでは、これまで棚卸しした職務経験・人生経験をもとにあなたを表すキーワードを洗い出し、コンテンツになる可能性のある要素をあぶり出していきます（図6参照）。

職務経験棚卸し・人生経験棚卸しをもとに、あなたのこれまでの経験を象徴する軸キーワードを可能な限り縦にリストアップしてください。インスタグラム（Instagram）のタグ付け感覚で、まさに自分自身にタグ付けをしてほしいのです。

次に、それぞれの軸キーワードを細分化した関連タグを最大10個ずつ書き出してください。関連タグを絞り出すコツは、5W1Hです。それぞれの軸キーワードについて「いつ・どこで・誰と・なぜ・何を・どのように」を考えてみましょう。

マスが埋まると、あなたのこれまでの経験を象徴するキーワードがずらっと並ぶ壮観なシートが仕上がります。これだけでも、何かすごいことができそうな気がして自信がわいてきませんか。

軸キーワード	関連タグ	関連タグ	関連タグ	関連タグ	関連タグ	関連タグ	関連タグ
例）法人営業	テレアポ	問い合わせフォーム営業	新規開拓	有形商材	プリンター	ソリューション営業	コミュニケーション
例）海外旅行	イギリス	ドイツ	弾丸ヨーロッパ旅行	英会話	ローカルグルメ	インスタ活用	クリスマスマーケット

図6　自分に関連するタグを書き出そう

ただ、このままではタグの数が多すぎるので、選別が必要です。書き出した軸キーワード・関連タグの中から、**そのテーマについて1時間語り続けることができるほどの情報量を持っているテーマ**を可能な限りたくさん選び、丸をつけてください。複数のタグを組み合わせても構いません。

なお、このワークの具体的な進め方と事例については、ＮＩＫＫＥＩリスキリングのセミナーアーカイブ映像でご確認いただけます（巻末２８７ページ参照）。ワークに取り組む前に視聴していただくと、理解が深まります。

ステップ3 ― 市場調査

ここまでで、本を書けそうなテーマが浮かび上がりました。最後に忘れてはいけないのは、「売れそうかどうか」をチェックすることです。そのための最も簡単な方法は、書籍検索サイトで関連本を探してみることです。

丸をつけた軸キーワード・関連タグで、「アマゾン（Amazon）」などで検索してみてください。

過去に関連本が出版されていれば、ニーズありと判断できます。本が出版されているということは、（営利企業である）出版社が売れると思ったから出ているわけですから、一定の市場規模があるだろうとの理屈です。さらに、どんなテーマの本が特に売れているのかを調べれば、より精度の高い分析ができます。アマゾンのヘビーユーザーの方は、検索結果を売上順に表示できるハック術をご存じかもしれません。

詳しくは「Amazon　売上順」でグーグル（Google）検索していただければたくさんの記事がヒットしますが、結論としては検索結果のＵＲＬの末尾に「&sort=salesrank」を付け足すだけです。検索結果に表示される本のタイトルは、他の人のコンテンツそのものですから、「こういうテーマなら自分にも書けそうだ」「自分ならこういう打ち出し方ができそうだ」といったインスピレーションを得ることもできます。

ステップ4　タイトルを考えよう

これで、ニーズがありそうな本を書くための軸キーワード・関連タグを絞り込むことができましたね。最後の仕上げとして、タイトルを考えます。ハウツー本ですから「〇〇する方法」という構文でまとめるのが一番シンプルなやり方ですが、そこに少しアレンジを加えてみましょう。私もこのワークをやってみましたが、次のようなタイトルが浮かびました。

・御社で学ぶだけで終わらない！　実践的なリスキリングを実施するには？
・御社のベテラン社員のモチベーションを高める方法
・複業人材を活用して新規事業を開発する方法
・御社で人材育成施策としての複業推進を成功させるには？
・複業デビューのためのコンテンツの棚卸し術

ひとつだけではなく、ぜひたくさん書いてみてください。このタイトルこそが、複業の武器になるあなただけのじぶんコンテンツです！

複業用のプロフィールを書こう

コンテンツが定まったことで、自分の得意料理が決まった状態になりました。その得意料理を見込み顧客にアピールすることが次のステップです。そのための有効な手段のひとつが、魅力的なプロフィール文を書くこと。普段の仕事では、自身のプロフィール文を書いたり見せたりする場面は少ないかもしれませんが、このプロフィール文は複業活動では必須アイテムです。

「プロフィールなんて適当で良いのでは？」などと侮ってはいけません。たとえば複業求人サイトで見かけた求人に応募したら、企業の担当者はあなたのプロフィールを見て面接するかしないかを判断します。これまでライフシフトラボで数々の複業デビューを支援してきた感覚知から言うと「応募型複業はプロフィールで8割落ちる」です。これは文字通り、本当に8割がプロフィール段階で落ち、2割しか面接に進めないということを意味します。

まずは、ミドルシニアの複業家にありがちなNG例をいくつか紹介しましょう。「もしあなたが複業人材を採用する担当者だったら、このプロフィールを見てどう感じるか?」という視点でお読みください。

1 なんでもできます論法

中小企業の経営者に対し、販路拡大や人材採用、IT化といったトータルサポートを迅速かつ丁寧に提供。お客様の課題に寄り添い、状況に応じたハンズオン支援を得意としています。中小企業からベンチャー企業、大企業に至るまで、さまざまな規模感の会社で勤務経験があり、事業戦略策定から商品企画、マーケティング、セールス、財務や人事などのコーポレート部門まで幅広く従事。ビジネスの上流から下流工程まで全体を熟知しています。

複業人材を採用する立場として、私が最もよく遭遇するパターンです。ミドルシニア複業家の中でも特に、ビジネス経験が豊富な方や、大手企業の総合職としてさまざまな部署を転々としてきたジェネラリスト型の方ほどこうなってしまいがちです。本書でコンテンツ思考をご理解いただいた方ならば、このプロフィールがなぜＮＧなのかはもうおわかりかと思います。いろいろな経験があることは伝わるけれど、**結局何ができる人なのかがわからないから**ですね。

もしこれが正社員の採用であれば、あれもこれもできる、レーダーチャートがまんべんなく80点の人材が好まれる場面もあるでしょう。しかし、拡張機能である複業人材は違います。何でも80点で総合得点の高い優等生的な人材は、「求めるスキルは90点、でも他のスキルは40点」という一芸人材に競り負けてしまうのが、複業人材マーケットなのです。

誤解しないでいただきたいのですが、いろいろなことができること、ジェネラリストであることはすばらしいことです。カードゲームにたとえるならそれは、出せる手札が多いということ。その上で大事なことは、最適なタイミングで最適な1枚を切ることです。

2 謙遜しすぎ

定年後、会社に縛られず自由に働きたいという思いから、このたび登録させていただきました。副業は初めてで、右も左もわからない状態ですが、ご指導・ご鞭撻のほどよろしくお願いいたします。
現場の営業くらいしか経験していない私に、よそ様の企業にどのようにお役に立てるかは不明ですが、私でよければ何なりとご相談ください。

心優しい人に多いパターンです。人柄の良さは間違いなく伝わりますが、何らかの課題解決が期待されるプロフェッショナル人材のプロフィールとしてはどうでしょうか。もしあなたが採用担当者だったら、「自信はないのですが……」という人よりも「私ならきっとお役に立てます」と堂々と言い切ってくれる人に依頼したくはありませんか。

3　会社名・肩書きを並べただけ

> 2000年、◇◇大学卒業後、◯◯株式会社に入社し、営業一部に配属。その後、人事総務部に異動。2009年に株式会社△△に転職し、ほどなくして人事課長に就任。部長昇格を経て、2017年より東証プライム上場企業である株式会社××で働いています。上席人事部門長を拝命しており、人事経験は20年近くに及びます。

過去の経歴を簡潔に並べるとこのようになります。例文のように、会社の中で出世し、明らかに評価されているとわかる場合は、このプロフィールの状態でもオファーがあるかもしれません。しかし、この例文も、本来はもっと磨き上げることができるという点で惜しいと言えます。

例文では、人事経験が豊富であること、その実力が会社で一定の評価を得ていることが伝わります。しかし、だからといって、複業人材として求人企業の課題を解決できるかどうかはまた別問題です。人事責任者に求められる役割は、会社の規模や抱えている課題によってさまざまですから、「◯◯株式会社で成果を出せたのは、リソースが豊富な大手企業だからでは？」「同じことを零細企業のうちでやられても、通用しないのでは？」など、採用担当者としてはいくらでも疑って見ることができてしまいます。

ここで、良い例を見てみましょう。

> 無形商材の法人営業のほか、高い成果を上げられる営業組織づくりを得意としています。一部のスターセールスパーソンに依存せずに、今いるメンバーでもっと売れるようになる目標の置き方、インセンティブ設計、顧客管理システムの活用方法といった仕組みづくりにお困りの企業のお力になれます。

株式会社◯◯損保に新卒入社。一貫して保険商品の法人営業に従事し、チーム一丸となって長期戦で行う大企業から、1人ひとりの機動力が求められる中小企業まで担当しました。

札幌支店、名古屋支店、静岡支店の営業責任者を任された際には、それぞれの拠点で30~100人規模の営業チームのマネジメントを経験。すべての拠点で、半年以内に全国トップ10に入る売上高を達成しており、単に個人の能力を「数字で詰める」のではなく、再現性高くみんなが成果を上げられる仕組みづくりに強みがあります。今まで売れずに悩んでいたメンバーが自信をつけ、チーム全体の士気が上がっていくことが私のモチベーション源です。「営業成績は気合と根性ではなく仕組みで決まる」がモットー。

参考：勤め先での新卒採用インタビュー記事

https://xxx...

このプロフィールは、アピールすべきコンテンツを中心に、次のような構成でまとめることを意識しました。

複業が見つかる「良いプロフィール」の構成とは？

1 **じぶんコンテンツ**：提供できる知識体系・ノウハウ。複業人材としての「機能」

2 **仕事略歴**：そのコンテンツが培われた客観的な経歴。固有名詞が多ければ多いほど具体的で良い

3 **数字で示せる実績**：他に似たようなコンテンツを持っている競合人材の中で、あなたが選ばれるべき根拠。「のべ○人を育成」「○年間従事」「○時間分の工数を削減」「満足度○％」「リピート率○％」「前年比○％増」など、できる限り数字で打ち出す

4 **現場感が伝わるストーリー**：あなたのコンテンツによって会社がどう変わるのか、その情景が浮かぶ描写

5 **大事にしているモットーや価値観**：仕事を通じて、何を目指しているのか。自分

お手本を要素分解

無形商材の法人営業のほか、高い成果を上げられる営業組織づくりを得意としています。一部のスターセールスパーソンに依存せずに、今いるメンバーでもっと売れるようになる目標の置き方、インセンティブ設計、顧客管理システムの活用方法といった仕組みづくりにお困りの企業のお力になれます。

じぶんコンテンツ

株式会社○○損保に新卒入社。一貫して保険商品の法人営業に従事し、チーム一丸となって長期戦で行う大企業から、１人ひとりの機動力が求められる中小企業まで担当しました。

札幌支店、名古屋支店、静岡支店の営業責任者を任された際には、それぞれの拠点で30～100人規模の営業チームのマネジメントを経験。すべての拠点で、半年以内に全国トップ10に入る売上高を達成しており、単に個人の能力を「数字で詰める」のではなく、再現性高くみんなが成果を上げられる仕組みづくりに強みがあります。今まで売れずに悩んでいたメンバーが自信をつけ、チーム全体の士気が上がっていくことが私のモチベーション源です。

仕事略歴

実績

ストーリー

「営業成績は気合と根性ではなく仕組みで決まる」がモットー。

価値観

参考：勤め先での新卒採用インタビュー記事
https://xxx...

参考リンク

図7　人事担当者がわかりやすいプロフィールの書き方

自身の働き方の哲学や社会に与えたいプラスの影響。これといったものがなくても、まず何かを掲げることが重要で、特にプロフィールに書ける実績が少ない複業デビュー当初は、理念・ビジョンをしっかり書くことでプラスに働くことも

6 **参考リンク**：取材記事、自分が書いた論文やレポート、ブログなどがあれば記載

じぶんコンテンツのピッチ資料を作ろう

ここから少し難度が上がりますが、できればこの段階でプロフィールに加えてピッチ資料を作ることを私はおすすめしています。

ピッチ資料とは、一般的にはスタートアップ企業がベンチャーキャピタルや銀行などから出資や融資を受けるために作る会社・事業説明資料を指します。ポイントは、事業の優位性やマーケットの成長性など、投資家に「なるほど、この会社は伸びそうだから投資してみよう」と決断してもらうためのPR資料であるという点です。

そのピッチ資料の自分バージョンを作ってみてほしいというわけです。「なるほど、この複業人材を採用すれば当社にメリットがありそうだ」「この人にお願いすれば私

第2章　複業から起業へ！── 45歳から仕込むキャリア自律ロードマップ

自己紹介

顔写真

〇〇〇〇〇〇〇〇〇〇〇〇〇
〇〇〇〇〇〇〇〇〇〇〇

プロフィール文

できること・サービス内容
じぶんコンテンツの説明「〜を提供できます」

できること・サービス 内容の詳細①	できること・サービス 内容の詳細②	できること・サービス 内容の詳細③
できること・サービス 内容を象徴する イメージ画像や 制作物	できること・サービス 内容を象徴する イメージ画像や 制作物	できること・サービス 内容を象徴する イメージ画像や 制作物

実績

数字で語れる 実績要旨①	数字で語れる 実績要旨②	数字で語れる 実績要旨③
実績を象徴する イメージ画像や 制作物	実績を象徴する イメージ画像や 制作物	実績を象徴する イメージ画像や 制作物
実績の詳細を 3〜4行で記載	実績の詳細を 3〜4行で記載	実績の詳細を 3〜4行で記載

図8　ピッチ資料の構成

の課題が解決しそうだ」と、企業や個人に思ってもらうことが目的です。たとえば応募型複業の場合は、面接のときに使える自己紹介資料になることもありますし、事業型複業の場合は、お客様との商談が設定できたら、そのまま営業資料になることもあります。

といっても、長々とした資料を作る必要はありません。ここでもやはりじぶんコンテンツを軸とし、123ページの図8のフォーマットを基本の構成として、**スライド3枚で簡潔に**まとめます。

ピッチ資料は、作っておくと自分の自信にもなりますし、その有無によって案件を獲得できる見込みが格段に違ってきます。作成に手間はかかりますが、ぜひチャレンジしてみてください。

複業マインドを養う下ごしらえ

ここまでお読みいただいた方の中には、「ワークはやってみたけれど、出てきたじぶんコンテンツは本当に売り物になるのか自信を持てない」「やっぱり自分には複業は難しそうだ！」とお感じになっている方もいらっしゃるかもしれません。こんなとき、複業デビューのパーソナルトレーニングを提供しているライフシフトラボ複業起業コースでは、複業マーケットに明るいトレーナーが「大丈夫ですよ」と受講者の背中を押すのですが、1人で取り組む場合はそうもいきません。

そこで、「いざ、複業を始めてみよう」と一歩踏み出すための準備体操をご提案したいと思います。それは、1日5分、ココナラのカテゴリ別ランキングに載っているサービスを1位から下へ下へと眺めていくこと。これを騙されたと思って1カ月続けていただきたいのです。

カテゴリ別ランキングは、トップページに掲載されています（今後、仕様が変わる可能性があります）。法人向け、個人向けを問わずとにかくたくさんのサービスに触れ、どんなサービスが、なぜ売れているのか、どんな人が出品しているのか、誰が買っているると考えられるかを眺めながら妄想していきます。トップ10にランクインしているようなサービスは「すごい。真似できない」と圧倒されるかもしれませんが、さまざまなカテゴリで順位を下っていくと、次第に「こんなものでも売れているの？」「これなら私もできそうだ」と思えるサービスがきっと出てきます。

この、「私もできそうだ」という感覚を持つことは、複業を始めるための大切な土壌です。それは過信ではなく、本当にその通りなのですから。

いわば「ココナラシャワー」を浴びる準備体操は、通勤時間中に気軽にできます。一歩踏み出す前にもう一声スモールステップが欲しいという方は、ぜひお試しください。

第3章

じぶんコンテンツを武器に複業機会を広げる

応募型複業のデビューステップ――場数を踏む

複業デビューの準備は整いました。ここから、いよいよ複業デビューのための実際的なアクションについて説明しましょう。まず、応募型複業からです。

1　複業求人サイトに会員登録する

応募型複業のデビューステップはシンプルで、複業求人サイトで応募し、受かればデビューとなります。必ず複数の複業求人サイトに登録しましょう。マッチング確率を最大化できることはもちろん、サイトごとに得意とする求人の職種や条件に違いがあるためです。

インターネットで「副業マッチングサービス」と検索すれば、多くのまとめサイトが見つかります。2025年1月時点での私のおすすめをいくつか挙げると、すでに紹介した「HiPro Direct」「Skill Shift」「YOSOMON!」「複業クラウド」のほか、「lotsful（ロッツフル）」「クラウドリンクス」「SOKUDAN（ソクダン）」「サンカク」「ふるさと兼業」は掲載求人の職種の幅が広いです。

2　面接を受ける

次は面接です。複業の面接は転職の面接とは性質が大きく異なります。転職活動と同じような認識で複業の面接に挑んでも、突破するのがなかなか難しいのです。

転職と複業、その面接の違いは何か。一言で言うと、転職の面接はインタビューであり、複業の面接はプレゼンテーションである、ということです。

転職の面接では、企業担当者もある程度、面接ではこういうことを聞くべきという定石を心得ているので、候補者であるあなたの立場では聞かれた質問に答えていくインタビュースタイルとなることが大半です。これに対して複業の面接の場合、採用担当者は人材そのものを評価するというよりは、「この人材は当社にどんな拡張機能をもたらしてくれるのか」という視点で候補者を見極めます。

複業が買い手市場であることもあいまって採用担当者も「提案を聞こう」という営業を受ける側のようなスタンスで面接に臨んでいるケースが多いの

です。ゆえに、候補者の立場では、採用担当者の質問を待っている受け身のスタンスですと噛み合わず、十分に自己PRができないまま終わってしまうことが多々あります。複業の面接は商談と捉え、自分のセールスプレゼンテーションをあなたから積極的に仕掛けていくほうが功を奏します。

質問するのはむしろあなた。**企業の担当者に対してその会社が抱える課題をヒアリングし、自分にできる解決策（それがじぶんコンテンツです）を提案するのです。**作っておいたピッチ資料を画面共有しながらプレゼンテーションすれば、一層説得力が増すでしょう。

ここまで用意周到に面接に挑むライバルはさすがに少ないため、これを実践できればかなりの確率で面接を突破できるようになります。いずれにせよ、面接に落ちたところで（落ち込むことはあるかもしれませんが）本業の勤め先の仕事には何の影響も及ばず、何も失うものはないことは先述の通りです。最初は緊張するかもしれませんが、「場数を踏もう」という意識で臆せずどんどん応募していけば、きっと良縁に巡り合えます。

Case

複業求人サイトを通じて人事コンサルタントとして活躍、月30万円の複業収入を実現したGさん

小売大手の栃木県にあるグループ会社で人事部長を務めるGさん（49歳男性）は、「自分のスキルが他社でも通用するのか試してみたい」という気持ちから複業に興味を持ちました。

「20年以上にわたってひとり人事として採用から評価制度まで、あらゆる人事業務を担ってきた経験は、きっと他社でも活かせるのではないか」と考え、複業求人サイトに登録。人事に関する案件が比較的多かったことはGさんの予想通りでしたが、面接のオファーがたくさん来たのは軒並み首都圏以外の中小企業だったことに驚いたそうです。「複業人材を活用しているのは東京の先進的な会社なのではとイメージしていたので、地方の会社にこれほど複業のニーズがあることは意外でした」とGさん。

最初の案件は、社員数30名の石川県の食品メーカー。専任の人事担当者がおらず、総務や庶務と兼務した人事の専門知識がない人がなんとか対応しているとの

こと。採用に力を入れたいものの、求人を出しても応募が集まらず、やっと内定を出しても他社に取られてしまうという課題を抱えていました。

採用が難しい地方の無名企業の事情を痛いほどよく理解していたGさんは、社員インタビュー動画なども備えた魅力的な求人票作りや効果的な採用媒体選びについてアドバイス。面接のトレーニングも行うなどして、わずか2カ月で今まで苦労していた採用を成功に導きました。

複業求人サイトのプロフィールにその実績を更新すると、企業側からスカウトが来るようになりました。現在は3社で複業人事コンサルとして活躍中です。それぞれ週1回1時間のオンラインミーティングで人事課題の相談に乗り、1社あたり10万円の報酬を得ています。

「地方企業の採用難は、それを解決できる人事経験者を正社員で採用すること自体が難しいので、一向に解決しないという構造的な問題があります。そこに突破口を開けられるのがフルリモートの複業人材です。

私も自宅にいながら、いろいろな地域の会社に貢献できるのはとてもやりがいがあります。自分が少しでも関与した会社が地方にあるというのは、まるで第2の故郷を持った気がしましたよ」と話してくださいました。

事業型複業のデビューステップ――５分類から選ぶ

次は事業型複業のデビューに至るアクションです。まず、収益化しやすく始めやすい事業型複業は、次の５つのビジネスモデルに分類することができます。①代行業、②顧問業、③講師業、④情報発信業、⑤幹事業。最初に、この中からやってみたい業態を選んでみましょう。各業態の特徴や向いている人については、次ページの表２をご覧ください。

実は、この５分類というのはかなり変幻自在で、じぶんコンテンツさえ明確になっていれば、さまざまな業態に展開が可能です。

先ほど出てきた「経理事務を自動化して人件費を削減する方法」というじぶんコンテンツを例に考えてみましょう。このじぶんコンテンツを武器に代行業をするのであれば、文字通り「経理事務の自動化代行サービス」を中小企業向けに提供することができそうです。

	仕事内容	特徴	向いている人	法人相手（BtoB）の例	個人相手（BtoC）の例
代行業	自分の知識体系・ノウハウを活かして、誰かの代わりに何かをやって納品する／特定の商材の販売代理店となる	何かしらの納品物を提供できる専門性を持っている人は始めやすい	・複業の時間を多めに確保できる ・納期があると頑張れるタイプだ ・細かい気配りやニーズを先読みした提案が得意だ	採用代行、事業企画推進、IT エンジニア、顧客紹介	イラスト制作、ネイリスト、フォトグラファー
顧問業	自分の知識体系・ノウハウに基づき、誰かにアドバイス・コンサルテーションする	得られる人脈や実績をキャリア形成に活かしやすく、初めての複業としておすすめ	・複業時間を顧客に柔軟に合わせられる ・人の話を聞くのが得意だ ・問題解決の方法を考えるのが得意だ	新規事業コンサルタント、エグゼクティブコーチ、士業	ファイナンシャルアドバイザー、キャリアコンサルタント、占い師、婚活メンター
講師業	自分の知識体系・ノウハウを不特定多数に直接教える	高度な集客力が求められるので、顧問業の発展型として取り組むのがおすすめ	・人前で話すことが得意だ ・顔や本名を出すことに抵抗がない ・プレゼンテーション資料を作るのが得意だ	セミナー講師、研修講師	ゴルフインストラクター、料理教室の先生
情報発信業	自分の知識体系・ノウハウをマニュアル化してインターネットで発信する	実質プチインフルエンサーなので、SNS での影響力が必須。初心者にはハードル高め	・文章を書くのが好きだ ・情報をまとめたり図解するのが得意だ ・SNS が好きだ	e ラーニング教材制作・販売	ブロガー、YouTuber、インスタグラマー、電子書籍出版
幹事業	コミュニティを立ち上げて運営し、会費収入を得る	自分自身に確固たる専門性がなくても始められる。人と関わるのが好きなら最もおすすめ	・社交的だ ・面倒見がいいほうだ ・イベント企画が得意だ	人事向け採用勉強会	婚活コミュニティ、読書会、オンラインサロン

表2　事業型複業の業態分類

顧問業を選ぶならば「経理事務の自動化コンサルタント」として、中小企業の経理担当者へ定期的にアドバイスを行って顧問料をもらう業態を作れます。代行業と違って手を動かさない分、１社からもらえる報酬額は下がる一方、より多くのクライアントを持つことができるでしょう。自分自身のほかにも秘伝のノウハウを教え込んだ人を育ててチームを作れば、もはや複業の域を超えたコンサルティング会社に発展させることさえできてしまいます。

他にも、講師業ならば経理事務の自動化研修を開催する、情報発信業ならば経理事務の自動化ノウハウに関する電子書籍を出版する、幹事業ならば経理ＤＸ担当者の会員制勉強会を主宰する、というように、展開は自由自在。複数の業態を展開すれば、単価アップも狙えます。たとえば、基本プランで経理事務の自動化コンサルティングを提供し、オプションとして代行まで担う丸投げプランを提供する、というようなイメージです。

複業計画書を作ろう

最初に挑戦する業態が決まったら、次は複業計画書を作ることをおすすめします。複業計画書とは、あなた自身を商品と捉えたときの商品骨子をまとめたもので、図9にフォーマットを示しました。8つの設問を埋めていくことで、あなたが取り組む事業型複業の内容が明確になっていきます。

ポイントは、自分のコンテンツをどういう対象に向けて活かしたいか、誰のどういう課題を解決するのか。そのための具体的なサービスメニューを設計し、まとめていくことです。以下に補足します。

オリジナルの肩書き

「○○会社△△部長」というような会社に与えられた肩書きではなく、複業家としてのあなたを一言で表すオリジナルの肩書きを作って名乗りましょう。オリジナルといっても、奇をてらいすぎるのではなく、「経理自動化コンサルタント」といったように、

【専門性】活かしたい専門性は何ですか？	
【顧客】ターゲットは誰ですか？	
【課題】以下のフォーマットに沿って、顧客の課題を文章化してください。 「本当は○○したい／になりたい／でありたい（理想状態）けれど、△△のせいで（原因）できていない」	
【解決策】上記の課題をどのように解決しますか？	
【競合優位性】上記の解決策を提供できる人が複数人いるとして、その中であなたが選ばれるべき理由は何ですか？	
【メニュー】提供するサービスの内容を具体的に記入してください。	
【チャネル】どのような手段で顧客と接触しますか？	
【アクション】顧客を獲得するために、日々取り組むべきことは何ですか？	

図9　複業計画書フォーマット

初見であろうと誰でも理解できる肩書きにすると良いでしょう。

ちなみにライフシフトラボでは、その肩書きが印字された名刺を発注することをおすすめしています。名刺は会社から支給されるものであって、自分で作るのは初めてという方がほとんどかと思いますが、ネット印刷の「ラクスル」や「名刺良品」といったサイトで、テンプレートから選ぶだけで簡単に、1000円程度で発注できます。本業に加えて2枚目の名刺ができると、配りたくなるのが人間というものです。その気持ちが今後の複業活動へのモチベーションを高めてくれます。

競合優位性

「あなたが選ばれる理由」は非常に重要です。同じようなコンテンツを持っている競合は他にもたくさんいるはず。面識のない見込み顧客が、他でもないあなたにお金を払って自身の課題を解決してもらいたいと思う根拠は何でしょうか。それをしっかりと説明できるようにしておくことが重要です。

たとえば数字を見てみましょう。「これまで3000人以上を指導」「○年間従事」「○%改善」といった定量的な実績があれば心強いですが、実際のところは「そんなわかりやすい実績はない」というケースが大半ではないでしょうか。その場合は、そのじぶんコンテンツを会得するに至った共感を呼ぶストーリーを描写することでカバーできることがあります。

経理業務の自動化の例を用いるならば、「毎月初の残業に追われ疲弊する経理部のチームメンバーのためになりたいと思い、デジタルスキルを習得。試行錯誤を経て少しずつ単純作業を減らすことができ、チームに笑顔が戻った」などのストーリーがあると、発注者としては「この人に依頼したい」という気持ちが高まるはずです。

複業計画書が完成したら、いよいよ顧客獲得に向けた活動を始めるフェーズとなります。ここからが本番です。

陸・海・空で攻める事業型複業の収益化術

さて、複業家としての自分の売り物は決まりました。いよいよ顧客獲得に取り掛かろうとするとき、一体何から始めれば良いでしょうか。それを説明するために、「陸・

海・空」という3つのキーワードを導入したいと思います。この3種類の活動を実施していくことで、顧客獲得が可能になるという考え方です。陸・海・空とは、見込み顧客との距離感を表す概念です。

「陸」

陸とは地上戦。自分の知人やその人からの紹介で見込み顧客との接点を増やす方法です。特に個人からお金をもらうBtoCタイプの複業の場合、最初のお客さんは（お金をもらうかどうかはともかくとして）知人の誰かになることが多いはずです。

実際、事業型複業をすばやく軌道に乗せている人は、例外なく地上戦を行っています。身の回りの次のようなコミュニティの中に、複業デビューの最初のドミノを倒してくれる人はいませんか。

・勤め先や前職の同僚、同期
・学生時代の友人
・趣味仲間

		顧客の距離感	戦い方	具体的には
陸	地上戦	近距離	相手の顔が見える範囲で戦う	知人やその紹介
海	海上戦	中距離	ニーズが顕在化している人が集まる場所で戦う	スキルシェアサイトのオンラインイベント
空	航空戦	長距離	潜在ニーズも含めた広い範囲で戦う	SNS・ブログによる情報発信

表3　事業型複業の案件はこうやって獲得する

・ママ友やパパ友
・町内会や自治会のメンバー
・マンションの管理組合のメンバー

「海」

海上戦では、直接顔を知らない見込み顧客に対象を広げます。「ココナラ」「ストアカ」のようなスキルシェアサイトのように、ある程度ニーズが顕在化した顧客が集まるプラットフォームに身を置く中距離戦です。注文が入ればすぐに受注できるのがメリットですが、一方では競争激化のため閑古鳥が鳴くこともしばしば。「お客さんが来てくれたらラッキー」といった気持ちで、他の手段と併せて利用するのが良いでしょう。

人脈を新たに作る手段として、地元の商工会議所・商工会の会員になってみるのもおすすめです。

Case

〔地上戦〕中小企業の御用聞きとして活動する業務改善コンサルタントのZさん

大手小売業の本社で一貫してバックオフィス業務に携わってきたZさん（45歳男性）は、複業に挑戦したい気持ちはあるものの、なかなか一歩を踏み出せないでいました。

「これまで給与計算や労務管理など、さまざまな業務経験を積んできました。その経験を活かし、社内だけではなく、社外でも力を試すことはできないものか」。会社は複業が許可されてはいたものの、周りに実践者がおらず、手探り状態だったといいます。複業求人サイトに登録してみたものの、なかなか自分に合う案件が見つかりません。

そこで、ライフシフトラボでのアドバイスをもとに、中小企業向けに「業務改善コンサルタント」として、事務業務の効率化やＤＸ（デジタルトランスフォーメーション）導入支援を行うことを目指す、事業型の複業を始めることに。最初に行ったのは、地元の商工会議所の会員になることでした。実は、個人会員の制度がある商工会議所ならば、複業家でも会員になることができ、異業種交流会や各種セミナーイベントなどに参加すれば経営者人脈を広げることができます。

「初めて複業用の名刺を作って、商工会議所に挨拶に行ったときは緊張しました（笑）」と振り返るＺさんですが、この行動が功を奏します。新人会員の集会での名刺交換をきっかけに、地元のソフトウエア会社から営業支援の仕事を受注できたのです。その後も、その会社の経営者からの紹介で、２社目のスタートアップ企業の案件も獲得できました。現在は「中小企業のお困りごとに寄り添う御用聞きのような存在になりたい」という思いのもと、商工会議所のイベントに定期的に参加しては活動の幅を広げています。

すべての商工会議所がこのように複業家に対してオープンな姿勢であるとは限りませんが、一度足を運んでみてはいかがでしょうか。

「空」

見込み顧客との距離が最も遠い、広域の航空戦です。SNS（ソーシャルネットワーキングサービス）・ブログで広く情報発信し、そこに集まる見込み顧客に届くように努めます。成果が出るまでに半年〜1年ほどかかりますが、SNSのフォロワーやブログの読者はやればやるほど資産として積み上がるため、地上戦・海上戦では難しい青天井の収益化も可能です。実際、インスタグラムやX、ティックトック（TikTok）などのSNSを通じて集客を効率的に行い、億単位で稼ぐ40〜50代の複業ヨガトレーナーや複業マーケティングコンサルタントなどもいます。

複業のためのSNSの運用術はそれだけで1冊の本が書けてしまうほど奥深く、かつ変化スピードも激しいソーシャルメディアへの注意が求められます。どうしても情報が消費期限切れになりやすいため本書で詳しく扱うのは控えますが、この手のテーマの一番の情報源はユーチューブ（YouTube）です。たとえば「インスタ　副業」などと検索すると、「月3万円稼ぐインスタ副業の始め方」といった動画がたくさんヒットします。半年以内にアップロードされた動画に絞り、再生回数の多い順に3本ほど視聴すれば、十分な知識が得られます。

Case

〔航空戦〕プチインスタグラマーの看護師Oさん

看護師歴20年以上のOさん（45歳女性）は、このまま看護師を続けていくことに体力的な限界を感じ始め、別の働き方を模索していました。そこで目をつけたのが、インスタグラムです。看護学生や新人看護師に向けた仕事のノウハウやキャリアに関する情報を発信するインスタグラムアカウントは多く、「これなら私にもできるかもしれない」と考えたのです。

何しろキャリア20年以上のOさん、看護師として培ったノウハウには自信がありました。後輩看護師に日々教えていることを匿名アカウントでコツコツ投稿し始めたところ、1カ月でフォロワーは1000人を超えました。

毎日投稿しても、フォロワーが1000人に達するには半年から1年かかることも多いと聞いていたOさんは、早く成果が出たことで一層インスタグラムにハマります。「誰が見ているかわからないSNSで発信するのは怖い」という当初の心配も次第になくなったそうです。

とはいえ、情報を発信しているだけでは何の収益にもなりません。そこでOさんは、看護師業務の用途に特化した自作の手帳リフィルやノートのテンプレートをネットショップに出品。インスタグラムアカウントから、販売ページに誘導できるようにしました。すると、わずか数時間で1つ売れたのです！「何かの間違いではないかと、購入履歴の画面を食い入るように見ながら、興奮する気持ちを抑えるのがやっとでした」と満面の笑みのOさん。

さらに現在は、Oさんが使った看護師専門の転職サイトを紹介することで、広告料も得ています。インスタグラムを通じて知り合った別のインスタグラマーと共同でライブ配信をするなど、新しい試みにも積極的に挑戦しています。収入はまだ月に数万円程度ですが、自宅でできて、着実に収入も増えているこの活動をOさんは「一生続けていきたい」と気に入っているそうです。

複業の前に押さえておきたいデジタルリテラシー

第1章で、人生後半、どんな働き方を選ぶにしても「読み書きデジタル」は必須とお伝えしました。求人探しや集客、クライアントとのやりとりや報酬管理など、活動のほとんどをインターネット上で行うことになる複業では、基礎教養としてのデジタルスキルはなおのこと欠かすことはできません。

デジタルスキルといっても、ITエンジニアを目指すかのような高度なものを指しているわけではないことはお話しした通りです。では、どれくらいのスキル水準に達していれば良いのでしょうか。

「勤め先以外でもフルリモートで支障なく働けるか」。これがひとまずの基準になります。ITに詳しい気心知れた同僚が隣に座っていたり、わからないことを直接、あるいは電話で聞けたりするITヘルプデスクはない環境を想定してください。

応募型にせよ事業型にせよ、複業で用いるITツールは勤め先のものと同じとは限りません。たとえば、ビジネスチャットツールであるマイクロソフトチームス

(Microsoft Teams)はいつも会社で使っているので慣れているけれど、類似ツールであるスラック(Slack)は使えない。ウェブ会議ツールのズーム(Zoom)は使えても、クライアントに指定されたグーグルミート(Google Meet)ではカメラ・マイクをうまく設定できない、というような状態では、スムーズに仕事を進めることができなくなってしまいます。

そんなこと——という表現をここではあえて使いますが——が足かせになって、複業家としてのあなたの本来の強みが十分に発揮できないとしたら、こんなにもったいないことはありません。

そこで、複業の前に押さえておきたい最低限のポイントを5つ厳選しました。これだけできれば憂いなし、というわけにはいきませんが、複業のスタートラインに立つことはできるでしょう。仮に今はできなくても、学び直せば大丈夫。たとえば、人気パソコンインストラクターである大林ひろこ著『取り急ぎ、パソコン仕事の基本だけ教えてください!』(技術評論社)は、業務シーンを想定したよく使う実践的なパソコンスキルを学べる入門書としておすすめです。

1　私用のパソコンを持っている

たいていのことはスマホでできる時代ではありますが、文書・資料作成も時には求められる複業をスマホ1台でやり切るのはさすがに限界があります。パソコンをお持ちでない方は、必要な投資だと思ってぜひ購入してください。ウェブカメラ付きの5万円程度の中古ノートパソコンで事足ります。なお、会社から貸与されたパソコンを複業で使うのは当然ですが厳禁です。

2　たいていのウェブ会議ツールで滞りなく会話できる

マイクロソフトチームス、ズーム、グーグルミートの3つのウェブ会議ツールについて、次の6つを自力でできればひとまず困ることはないでしょう。

・会議に参加する
・会議URLを発行し、主催する
・生活感のある自室が映らないようにバーチャル背景（ビジュアルエフェク

ト）を適用する
・見せたい画面を相手に共有する
・相手の音声、映像が聞こえないトラブルを解決する
・自分の音声、映像が相手に届かないトラブルを解決する

特に、音声・映像関係のトラブルは、目の前で相手が待っている分、焦らずスピーディな課題解決が求められ、さらには原因が自分か相手のどちらにあるのかを見極めなければならない高難度のミッションです。インターネットで「Zoom　音声　聞こえない」などと検索すれば、解決方法を丁寧に説明している記事や動画がすぐに見つかります。いざというときに備え、事前に習得しておきましょう。

3　ワード、エクセル、パワーポイント、フォームを最低限扱える

普段の仕事でよく使っている方にとっては問題ないかもしれません。ワード、エクセル、パワーポイントは、分厚いマニュアル本が書店に並んでいる

ことからもわかるように、それぞれ極めれば奥深いツールです。が、次のことができればOKです。たとえば、お子さんが通っている学校であなたがPTA役員を務めることを想定します。

・ワード：保護者会の案内状を作成できる
・パワーポイント：進行プログラムや連絡事項が網羅された、当日投影するスライド資料を作成できる
・フォーム：保護者会の満足度や今後の要望などを参加者から回収するアンケートフォームを作成できる
・エクセル：そのアンケートの回答結果を集計し、平均満足度や今後の要望一覧を見やすくまとめられる

4　ビジネスチャットツールで円滑にコミュニケーションできる

メールでのやりとりに加え、マイクロソフトチームスやスラック、チャットワーク（Chatwork）などのビジネスチャットツールを導入する企業が増

えています。個人からお金をもらうB to Cタイプの複業では、ライン（LINE）を用いることもありますが、プライベート用と分けたい場合はラインワークス（LINE WORKS）というビジネス利用に特化したツールもあります。

単にメッセージを送信するだけであれば難しく感じる人は少ないでしょう。それに加えて、複数の人が参加しているチャンネル（会話する部屋）で誰に宛てたメッセージなのかを示すメンションという概念を理解し、絵文字や口語体など、一般的なビジネスメールよりも多少砕けた表現が許容される使用感に合わせたコミュニケーションができると「こなれ感」が出ます。クライアント先がどのようなコミュニケーションを行っているのか、フォーマルさや頻度、時間帯などをよく観察し、摩擦が起きないように適応できれば上級です。

5　わからないことを自分で調べて解決できる

自宅のパソコンの前で困ったことに直面した際には、自力で解決しなければばなりません。生成ＡＩのおかげで、こうした自己解決は驚くほどラクになりました。無料で登録できるチャットGPT（ChatGPT）で、ITヘルプデスクの担当者にメールで質問するのとまったく同じ要領で困っていることを入力すれば、ほとんどの困りごとは解決します。チャットGPTのこのような使い方は、「生成ＡＩはキャリアの味方」と第１章でお伝えした具体例のひとつです。

生成ＡＩ自体を複業の武器にすることも可能

生成ＡＩの急速な進化によって、「生成ＡＩ複業」とも言えるマーケットも勃興してきています。生成ＡＩを利用するスキル自体が複業の武器になるのです。生成ＡＩを効果的に利用できる人はまだ少なく、その情報格差でビジネスが生まれています。

総務省『令和６年版 情報通信白書』（２０２４年７月）によると、日本で生成ＡＩを個人利用している人は、９％にすぎないそうです。第１章でお伝えした通り、生成

ＡＩを十分に使いこなすために必要な時間は、ほんの15時間くらい。使ったことがあるだけで上位10％以内に入れるということは、たかだか15時間の学習時間で使いこなせるようになれば、少なくとも日本においては上位１％の生成ＡＩ人材になることだって目指せる気がしませんか。

「クラウドワークス」や「ランサーズ」といったクラウドソーシングサイトには、ウェブ記事の執筆やイラスト作成、データ入力や集計などの軽作業、ビジネス事務などの案件がたくさん募集されており、複業の初心者にもよく利用されています。

ただ、求められるスキルの難度が低い案件が多い分、低単価になりがちな側面がどうしてもありました。そんなマーケット環境が、生成ＡＩの登場によって大きく変わりました。生成ＡＩを用いることで案件の納品スピードが格段に上がり、実質、時給が2倍から3倍になったのです。

たとえば、報酬額２０００円のウェブ記事の執筆業務を請け負ったとしましょう。自分で書けば1時間かかる。しかし生成ＡＩを効果的に利用すれば30分で終わるとすれば、実質時給は2倍の４０００円になりますね。

一方、生成ＡＩが書いた記事は当然ですがあなたらしさが出ず、誰が書いても同じような納品物になってしまいます。ここに持ち前の豊富な経験を掛け算して、報酬水準をさらに上げることができるのがミドルシニアならではの強みです。薬剤師としてドラッグストアで働くUさん（50歳女性）は、自身の専門性に生成ＡＩを取り入れたことで、薬機法（医薬品、医療機器等の品質、有効性及び安全性の確保等に関する法律）に準拠した専門性の高い記事を超高速で書けるウェブライターとして高く評価され、複業で月収20万円を得ています。

記事作成は典型的な生成ＡＩ複業の事例ですが、生成ＡＩでできることは今後ももっと広がります。それによって、複業での活用幅も日進月歩で拡大することは間違いありません。最新の動向は、たとえばYouTubeで「生成ＡＩ　副業」などと検索すれば、わかりやすい動画を簡単に探すことができます。「すでにお持ちの経験×生成ＡＩ」という武器を引っ提げ、拡大真っ最中の生成ＡＩ複業マーケットに乗り出してみてはいかがでしょうか。繰り返しますが、今ならまだ、少しの学習時間で上位人材1％に食い込めます。

ＩＴ業界に長く勤める50代の知人が、昨今の生成ＡＩの勃興を見て、「１９９０年代のＩＴ革命を思い出す」と話していたのが印象に残っています。その知人はこうも言っていました。「あのときのように革命を傍観するのか、今度は参戦するのかが自分に問われている」と。

生成ＡＩは、その当時のパソコンと同じように爆発的な普及の前段階にあります。急速に世の中に浸透したかと思いきや、まだ日本では９％しか使っていない、アーリーアダプター層が飛びついている、という状態です。かつての「ＩＴ革命前夜」の再来と言えるかもしれません。

１９９０年代前半のＩＴ革命前夜に、多くの日本人に先駆けてパソコンを購入したうちの１人が、第１章のコラムで紹介した世界最高齢アプリ開発者、若宮正子さんでした。当時、パソコンやインターネットに対して、まだ懐疑的だった人たちも多かったといいます。

しかし、その後の普及スピードは誰もが知る通り。「これはチャンスだ」と早くから波に乗ったソフトバンクや楽天などのインターネット企業の一部は今、日本を代表する会社になっています。あのＩＴ革命と同じか、それ以上の大きな波を生成ＡＩ革命がもたらすとすれば、今、革命前夜の段階で波に乗れるのは、もう二度とないビッグチャンスなのかもしれません。ソフトバンクや楽天のような巨大企業を目指さなくとも、１９９０年代のＩＴ革命とは違い、今は個人でできることも増えています。

複業をいつ、やるのか？——複業朝活のススメ

複業デビューまでの方法と戦い方については、ポイントをもれなく説明できたと思います。次に、タイムマネジメントについてお伝えしましょう。

複業に取り組むことによって本業がおろそかになってしまうのは本末転倒です。本業と両立させつつ複業を軌道に乗せるには、なんとか時間をやりくりして、まずは週

10時間程度を複業のための時間として捻出することを最初の目標にしたいところです。平日の朝や夜、土日、あるいは通勤時間など、みなさんさまざまな工夫をして時間を捻出しているようですが、私のおすすめは断然、朝。複業を朝活にしてしまうのです。

ライフシフトラボでも200人以上のミドルシニア人材が複業で参画していますが、就業前の朝を有効活用している人はたくさんいます。具体的には、朝6時から8時までの2時間を複業に使った後に、9時の始業に間に合うように出勤する習慣を平日5日やれば、週10時間になるというわけです。本業がリモートワークやフレックスタイム制の場合は、もっと柔軟な働き方ができるかもしれません。複業朝活を勧める理由は2つあります。

ひとつは体力的な理由です。本業に加えてもうひとつ（あるいはもっと！）の仕事をするのは、やはり体力勝負でもあるようです。私の知人の50代後半の複業家はこう言っていました。「本業から帰宅した後にもうひと仕事、というのはしんどい。だから複業は必ず朝。歳を取るとだんだん早起きになるので6時起きでもつらくないし、本業は多少疲れていても、慣れでこなせちゃうところもありますから（笑）」。

少し話がそれますが、活躍している複業家は体力維持にも気を遣っている印象があります。私の知る50代複業家のほとんどは、週に３回以上ランニングしたり、ジムに通ったり、子どものサッカークラブのコーチだったり、何らかの運動習慣があると話していました。ライフシフトラボ社員も、午後の予定表を見ると「ＲＵＮ」「ジム」などのスケジュールが確かに入っています。

複業朝活を勧める２つ目の理由は、複業の優先度に伴うものです。仕事もプライベートも忙しい毎日の中から、複業のために週10時間を生み出すのは簡単にできることではありません。自分がそうしたいという意思があっても、会社や家庭の都合でそれが叶わない時だってあるでしょう。そんなとき、今日絶対にやらなければならないわけではない複業というのは、どうしても後回しにされてしまいます。それは仕方がないことではありますが、一度やらなくなった習慣を再び始めるときは、つい億劫になってしまいますよね。

こうした心配は、朝ならば無用です。優先度の高い他のタスクが割って入ることが少ない時間帯ですから、心置きなく複業に集中できます。「複業をやろう」というよりも「朝早く起きよう」とだけ決めておけば、どのみち朝は他にやることがないわけですから、自然と複業に時間を使えるわけです。このような積み重ねが、人生後半、数十年の幸福感に影響するのだと考え、ぜひトライしてみてください。

定年退職まで時間がない方向けの突貫工事メソッド

これまでもお伝えした通り、案件獲得はラクじゃない複業マーケット。すんなりと複業デビューできる人はまれで、撤退する人も多い実態があります。何事もそうかもしれませんが、複業を始めたいと考える人100人、やる人10人、続ける人1人というイメージがあります。

諦めてしまう理由のほとんどは、やってもやっても成果が出ないこと。それを防ぐためには、複業の収入が安定的に月10万円を超えるのに1年、30万円なら3年と、努力が実るまでの期間を正しく見積もっておくことが肝心です。繰り返しになりますが、複業のメリットはタイムリミットがないこと。焦らずコツコツと行動を積み上げていけば、成果はきっと出ます。

一方、「悠長なことは言っていられない」という定年退職間際の方もいらっしゃるでしょう。複業に対して本業がなくなってしまうこのような状況では、これまでお話ししてきた「複業は本業がベースにあるからリスクゼロ」といった前提が崩れてしまいます。そこで、定年退職までの期間が1年程度しかない方、あるいは退職済みの方のための「突貫工事」メソッドを3つ紹介します。もっとも、退職後もしばらくは退職金などによって経済的にゆとりがある方は、通常シナリオで問題ありません。

1　応募型の複業にたくさん応募する

事業型複業を育てるのには時間がかかります。ひとまずは割ける時間を複業求人サイトでの案件獲得に費やすことです。本書で紹介した複業求人サイトすべてに登録し、少しでもできそうな案件にはとにかく応募していきましょう。

2　アルバイトを始め、本業化する

アルバイトだけで年収700万円を実現することは難しいですが、ひとまず食べていくのに十分な収入を得ることはできます。稼ぐ緊急性が高い方は、まずアルバイトを始めて年収300万円程度のベースを作り、腰を据えて複業探しに取り組むのがおすすめです。ただし、アルバイトで忙しくなるあまり、体力や時間の制約で複業活動がおろそかになってしまっては本末転倒。アルバイトと複業の時間配分をしっかりとコントロールすることがポイントです。

3　即金性の高いクラウドソーシングサービスを利用する

体力的なことも考えて、在宅ワークにこだわりたい方も中にはいるかと思います。在宅ワーク可能なアルバイトというのはほとんどありませんから、このような場合は、クラウドソーシングサービスで募集している即金性の高い複業案件に応募していくことがおすすめです。

「ランサーズ」「クラウドワークス」が代表例で、複業求人サイトよりも専門性が求められない求人がたくさん掲載されています。記事ライティングや資料作成、オンライン事務代行などの仕事は、デスクワークの経験が豊富な方ならばできる案件です。求めるスキルのハードルが低い分、報酬は低くライバルも多くなりがちですので、ある程度の数を応募していく行動量は必須です。

退職後に「真の悠々自適」を実現するシニア起業のススメ

ここまで取り上げてきた複業は、本業がある会社員時代、つまり再雇用が終了する概ね65歳までの間を想定したお話でした。ここからは、その後についてです。

人生後半を通じて年収700万円が続くように、再雇用終了後は、会社員時代に仕込んでおいた複業を個人事業にして、フリーランスとして独立開業する、あるいは「ひとり会社」をシニア起業してしまうことをおすすめしたいと思います。

長年組織に属して働いてこられた方は、起業について、非常にリスクが高く、恐ろしいものという印象をお持ちの方もいるのではないかと思います。ハイリスク・ハイリターンのビジネスに挑戦して失敗し、やり直せないほどの大きなダメージを受けたなどの事例を見聞きされたこともあるでしょう。不良債権、資産差し押さえ、経営者の自殺といったキーワードが連想されるバブル崩壊の頃は、確かにその通りだったかもしれません。

しかし、こういったイメージははっきり言って古いです。人生後半の働き方戦略における令和の起業は、ハイリスク・ハイリターンな博打とはまったく違います。もっと**無理がなく自然体で、ローリスク・ミドルリターンを狙っていく「大人の起業」**だとお考えください。

ここで言う起業は、いわゆる「ひとり会社」のような形態で、いわばフリーランスの延長線上にある働き方です。しゃれたオフィスを構え、従業員を雇用するというようなリスクは負わずに、自宅からのスタートが身の丈に合っています。こうしたひとり起業であれば、コストはかかりません。自分が、そして自分だけが年収700万円を取れれば良い程度の売上高を持続的に得て、黒字経営を目指していきます。

慎重派の方のためにもうひとつ念押しを。万が一、思うように売上を立てられずに廃業することになったとしましょう。そんなときでも、借金がなく、ランニングコストもほとんどかかっていなければ、身ひとつできれいさっぱりやめられて、背負うものはなし。年収７００万円には至らなくても、ひとまず食べていくのには十分なアルバイトを探せば良いだけ。このような「ゆるい起業」こそが、シニア起業の基本の生存戦略です。

ひとり会社といっても、立派な一国一城の主です。65歳以降となると、いかに人手不足とはいえさすがに雇用先はぐんと減ります。だからといって「どこも雇ってくれない」なんて卑屈になる必要はまったくありません。むしろ「雇ってもらうなんて願い下げ、自分で会社をやっちゃおう」という勢いでデビューするといいと思いますし、数少ない雇用先を探すよりも断然おすすめできます。

自分がやりたいこと、好きなことを仕事にして年収７００万円が続く。それは「真の悠々自適」と言えます。定年後、悠々自適と言いながら、実はやることがなくてぼんやりした日々を送るのとはまったく違います。

では、再雇用が終わった後、どのように行動すれば良いのでしょうか。再雇用が終わる65歳までの間に仕込んでいた複業が、ここから真価を発揮します。第1章で私は「複業の本質は会社を辞めない起業」であるとお伝えしました。会社を辞めない起業だったものを、再雇用終了後、満を持して「会社を辞めて起業する」にシフトするのです。

再雇用終了までの複業をシニア起業へと昇華させる

もし、65歳までにコツコツと複業の活動を積み上げていて、例えば複業収入が300万円ぐらいある方であれば、それをもってそのまま退職後に起業することで、その収入を700万円に増やすことはすでに射程圏内です。週に10時間程度しか複業の時間を割けなかったものが、すべての時間を業務に費やすことができるようになるからです。

というのも、仮に週10時間の複業で年間３００万円を稼げていたとすると、本業に費やしていた週40時間程度が丸ごと加わり、合計50時間。単純計算で、理論上は１５００万円を稼げることになります。それは机上のお話としても、年収７００万円を達成できるポテンシャルは低く見積もっても十分にあるというわけです。

たとえば、複数社の仕事を複業で受託している場合であれば「稼働時間に余裕ができたので、もっとコミットしたい」と言うだけで、そのうちの何社かには応じてもらえるでしょう。すでに安定して複業収入を得られているということは、クライアントからも一定の評価を受けている証拠です。「業務委託で週３日働いてほしい」などと、クライアント企業も願ったり叶ったりで、すぐに稼働スケジュールを埋められることも少なくありません。

個人顧客を相手にしているBtoCタイプの複業の場合は、このようにすぐに仕事を増やすのは難しいかもしれません。ただ、既存顧客に他の顧客を紹介してもらう、あるいは増えた稼働時間をプロモーション活動に積極的に充てるなどすれば、すでに複業をゼロから軌道に乗せた実績のあるあなたにとって、客数を増やすことは大したことではありません。

このように、もともと「会社を辞めない起業」である複業を軌道に乗せていた人にとっては、会社を辞めて起業するといっても本質的に何かが変わるわけではなく、充てられる時間が増えるのみです。起業につきものの「覚悟」や「不退転の決意」「背水の陣」みたいなものは一切必要ありません。複業延長型の「大人の起業」は、無理なくやりたいことを追うことができる、安全な挑戦と言えると思います。

今までの勤め先が再雇用終了後に業務委託に切り替え、仕事を発注してくれることもよくあります。こうなると、ある程度仕事がもらえる保証つきで起業できるわけですから、一層安全です。

会社に勤めていたときとは違い、起業してからはすべてを自分で自由に決めることができ、自分が働きたいと思う間はずっと働くことができます。私自身も起業家の端くれとして、この自由はとても共感できます。やりたいことに、やりたいだけ、思い切り挑戦してみてください。失敗というダメージのない旅の始まりです！

とはいえ、第1章で触れた通り、雇用される働き方とは対極の存在と言える起業。「本当に大丈夫かな……」と不安になるお気持ちはよくわかります。こう感じるのはたいてい、複業収入があればシニア起業はノーリスク、という重要な仮定がまだ成立していないからではないでしょうか。

65歳前後までの会社員時代に、複業という形でいかに仕込みをしておけるかにかかっているということは間違いありません。現在会社にお勤めの方に対しての提案は、繰り返しになりますが「さあ、複業を始めよう！」に尽きるのです。

再雇用終了後の話から少し逸れますが、ちなみに再雇用の開始を待たずとも、複業が軌道に乗ってきた場合は節税のために個人事業主として開業したり、ひとり会社を設立したりすることも、就業規則次第ではおすすめです。

ただ、本業に加えて複数の仕事を持つという働き方自体に変わりはなく、単に複業

一般的な起業のイメージ	本書が提案する退職後ひとり起業
事業をゼロから立ち上げる	複業活動の延長
事業拡大路線	スモールビジネスを安定的に維持
従業員を雇用	自分ひとりまたは家族のみ
広いオフィスと豪華な社長室	自宅の自室
何らかの商品を作って提供	自分自身が商品
ハイリスク・ハイリターン	ローリスク・ミドルリターン
会社の商業的成功が目的	自分自身の人生後半を通じて年収700万円が続くことが目的
倒産したら一文なし	廃業しても失うものは何もない

表4　一般的な起業と退職後ひとり起業の違い

をどのような「箱」で行うのかという話にすぎません。節税は本書の主題ではないので詳しく触れませんが、「複業でいくら稼げるようになったら開業届を出すべきか」「確定申告はどのように行うのか」といったテーマは、関連書がすでにたくさん出ています。もっとも、このあたりは複業活動を始め、案件獲得や収益化ができるようになってから考えるのでも遅くはありません。

ここまでは、「複業延長型のシニア起業なら安全、ローリスク！　大丈夫！」一辺倒でしたので、リスクシナリオについても触れておきましょう。

Case

派手なオフィス開設が裏目に出たYさんの失敗談

大手家電メーカーの調達部門で課長を務めていたYさん（67歳男性）は、65歳での再雇用期間終了を前に、これまでの経験を活かして中小の製造業者向けの「調達コスト削減コンサルタント」としての複業に取り組みます。2年かけて3社のクライアントを獲得し、月40万円程度の複業収入を得られるようになりました。

「退職後は起業し、一流のコンサルタントとしてもう一花咲かせよう」と張り切っていたYさん。満を持して、再雇用が終了した後に退職金の一部を投じて、都心の超高層ビルに入居する高級レンタルオフィスを契約。広告代理店に依頼してホームページも開設し、インターネット広告も打ちました。

「初期投資をしっかりやれば、それだけ仕事も来る」。そう信じていたYさんでしたが、結果は期待に反するものでした。広告費は毎月数十万円かかる一方、新規の問い合わせはほとんどなし。使った広告費を回収するためにもっと広告費を投じてしまった結果、事業拡大どころか赤字が続くことになってしまいました。

オフィス開設から1年後、Yさんは事務所を引き払い、自宅での事業運営に切り替えることを決意。広告費をゼロにし、人づてでネットワークを広げていく紹介営業だけで案件を増やす作戦に切り替えた結果、ようやく収支が安定。今では年収1000万円を稼げるようになっているそうです。

「生活に支障をきたすには至らなかったものの、退職金を無駄にしてしまったし、日に日に預金が減っていく毎日は生きた心地がしなかった」とYさんは振り返ります。

「私の経験から言えることは、起業時の〝見栄〟は禁物だということ。複業時代は自宅で十分だったのに、なぜか起業したとたん、立派なオフィスが必要だと思い込んでしまった。賢明なのは、複業時代のやり方を淡々と続けることだったと、今ならわかります」とYさんは強調しました。

「シニア起業あるある」の落とし穴３選

Ｙさんの教訓から学べることは、つまるところ「身の丈を超える振る舞いをするな」ということになります。具体的には、次の３つがシニア起業の「身の丈超えあるある」です。

１　高額のオフィスを借りる

高額なオフィスは不要です。年収７００万円が続くという目的からすると、自宅で十分です。賃貸住宅の方ですと、家賃をオフィスとして使っている自分の部屋分相当の面積で割り戻して、それを経費で落とすこともできますので、節税になります。

２　広告に資金を投じる

広告に投資することも同じです。まったくやってはいけないということはありませんが、年収７００万円のラインでいくなら必須ではありません。複業と同じように、陸・海・空のキーワードで地道に活動すれば十分です。

3　融資や出資を受ける

Ｙさんは該当しませんでしたが、融資や出資も最近は特に要注意です。政府のシニア起業家支援施策や昨今の金利上昇により、銀行から融資を受けられる年齢の上限は上がってきています。「応援したいから出資させてほしい」と善意で声をかけてくれる人も周りにいるかもしれません。

当たり前ですが、融資は返済しなければなりません。つまり、毎月のコストが上がります。今自分が持っている現金でできないことにレバレッジをかけて先回りして投資し、後で収入分から返していくという事業拡大の手法が融資です。本書でいうシニア企業で年収７００万円が続くという目的からすると、融資を受ける必要はありません。まして、誰かから出資を受けては、利害関係者が増えてしまいます。「まとまった軍資金が要るようなことはやらない」と割り切りましょう。

先にお伝えしたように、シニア起業はローリスク・ミドルリターンが原則。これを逸脱することは避けたほうが賢明です。これも繰り返しになりますが、逆にここさえ守っていれば倒産や失敗を恐れる必要はまったくありません。これはあくまで複業の延長ですから、複業のときにやらなかったことは、起業の際にもやる必要がない。これもまた大事な原則と言えます。

試しに今すぐ開業届を出してみよう

定年はまだ先というあなたにも、本書を読み終えたらただちにやっていただきたいことがあります。「開業届」を出すことです。会社員時代に仕込むべき複業が軌道に乗れば、いずれにせよ開業するほうが節税にもなります。

仮に今すぐ複業を始められない状況だとしても、また勤務先が複業禁止であったとしても、開業届を出すだけなら構わないでしょう。会社に隠れて複業することを推奨するものではありませんが、開業届を出してもそれ自体が会社に知られることはありません。名刺を作ることを勧めたのと同じで、堂々と形から入ろうというわけです。

開業届はインターネット上の簡単な手続きで、かつ無料で提出できます。手続きだけなら何のリスクもありませんし、今まで大ごとだと感じていた独立・開業が、少なくとも手続き上はまったく大したことではないと実感できるはずです。

個人事業主でも社名のような「屋号」をつけることもできます。こうなると一国一城感が出てきますし、複業スタートへのやる気が高まるはずです。なお、あまりないと思いますが、万が一開業していることに不都合が生じた場合、簡単な廃業手続きを行うだけでやめられます。開業届はすぐに後戻りできる選択肢です。

第4章

45歳からの転職基本戦術

なぜ45歳からの転職が増えているのか

　複業にまつわるノウハウをお伝えしてきましたが、本業も当然重要です。そもそも複業禁止の会社だったり、一定の年齢になると年収が大きく落ちてしまうことが判明している会社だったりする場合は、転職してしまうのもアリではないでしょうか。別の観点では、仮に複業が軌道に乗ろうとも、毎日本業の勤め先のオフィスに行くのが億劫では、やはり幸福度は高まりません。そんなときも、転職というカードが手札にあって、いつでも切れる状態にしておくことは安心にもつながります。

　ここからは、難しいと思われがちな40～50代の転職事情と攻略法をお話しします。「この歳で転職なんて、無理に決まっている」とお考えの方もいらっしゃるのではないでしょうか。ご安心ください。まず、それは誤解である、というところから話を始めたいと思います。

「転職35歳限界説」という常識が、かつてはありました。しかし、それは過去のものです。35歳どころか、40代はもちろん、50代の転職も当たり前の時代になっています。ライフシフトラボでは、60代前半の転職事例も多々あります。

実際、総務省「労働力調査」によると、年間約３００万人の転職者のうち、40歳以上が約半数を占め、45歳以上でも４割もいます。数で見ても、日本人材紹介事業協会の調査によると、人材紹介大手３社における41歳以上の転職実績数は、２０１８年から２０２３年までの５年間で２倍と爆発的に増えているのです。この事実だけでも、転職35歳限界説なるものが、もはや意味をなさないことがわかります。

その背景はやはり、空前の人手不足です。加えて、世の中全体の高齢化によって、採用する企業にとっての「若手」の基準が相対的に上がっていることも背景のひとつです。次ページの図10をご覧ください。ある企業において3年間、社員の出入りが仮にまったく無かったとすると（中小企業では特段珍しいことではありません）、社員の平均年齢は3歳上がります。「若手」という表現はあくまでも社内の相対的な見方ですから、平均年齢が3歳上がれば若手の基準も変わってくるわけです。そうなると今後は、40代はまだまだ社内では若手で、50代でやっと中堅、という見方が当たり前になるかもしれません。

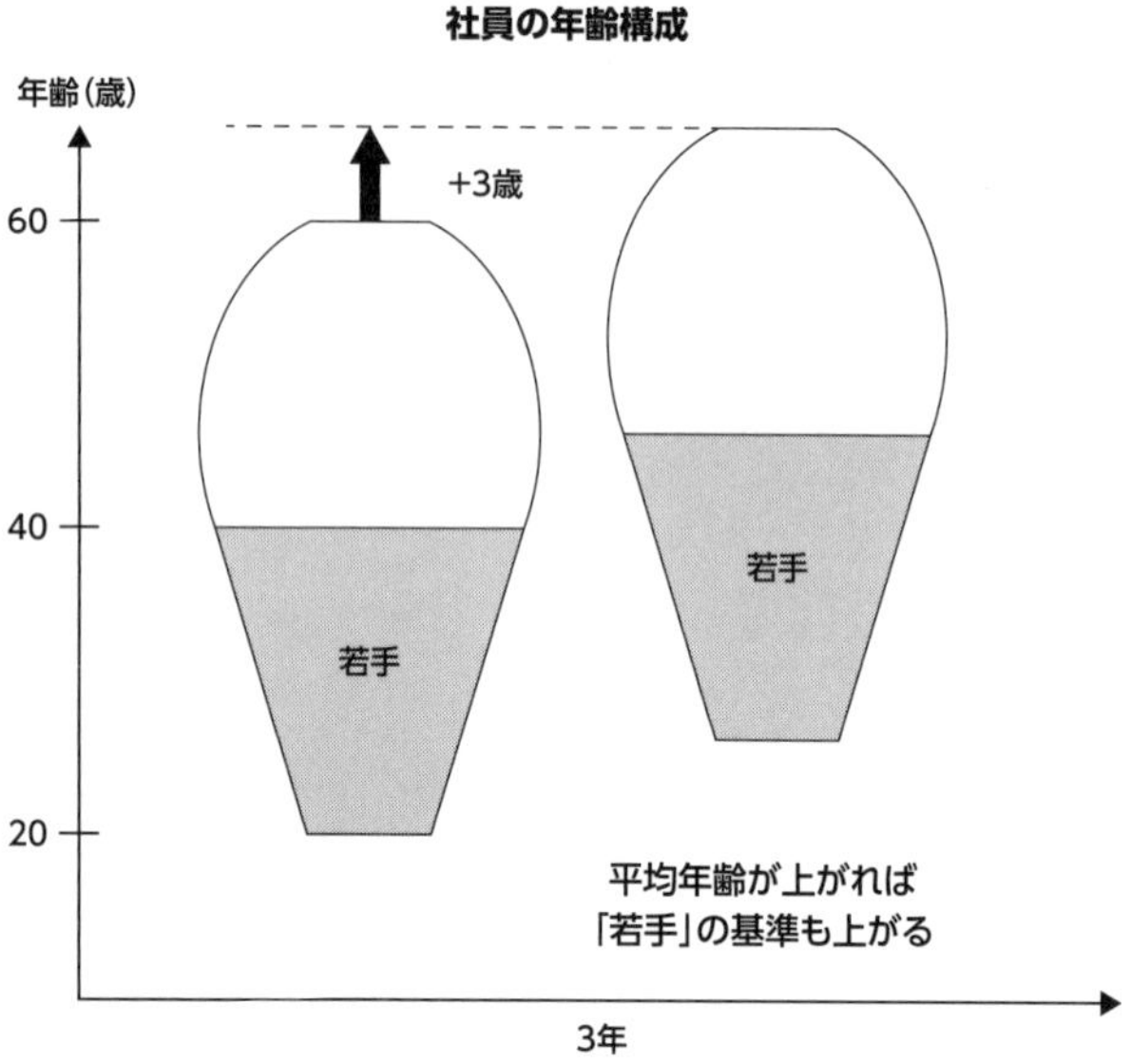

図10　「高齢化」で上がる若手の基準

人口減少や高齢化は、今後しばらく解消される見込みはありません。40～50代の転職はこれからもっと当たり前のものになっていくでしょう。

また、派遣社員やブランクのある読者を想定し、40～50代の非正規雇用者の正社員転職や専業主婦／夫からの再就職も十分に現実的になってきていることも付け加えたいと思います。40～50代というと年代的には就職氷河期ど真ん中世代の方もいらっしゃると思いますが、社会情勢によって再びチャンスが巡ってきたと言えるかもしれません。

派遣社員の方の年収は、３００万円台から４００万円台がボリュームゾーンです。このゾーンの年収での正社員求人は他の年収ゾーンと比べて多く、それだけ機会がたくさんあると言えます。年齢を重ねると、派遣の仕事もなかなか紹介されなくなったり、更新されなくなったりしてしまうケースも見られます。必ずしも希望して非正規雇用で働いているわけではない方にとっては、あらためて正社員を目指し、年収７００万円が続くための地盤を固めるのも良いでしょう。

さらに、本書を書いている２０２５年は一層の追い風が吹くとの見解もあります。

パーソルキャリアが2024年12月に発表した「ミドルシニアの転職市場予測レポート」によると、「2025年は、ミドルシニアの労働移動が活性化する重要な年と捉えており、転職市場における『ミドルシニア元年』になる」と予想されています。こうした動きからも、年齢を理由に、転職を選択肢から一概に外してしまうのはもったいないと言えます。

45歳からの転職は、20〜30代とは異なるゲーム

ここまではミドルシニア転職についてのポジティブな面をお話ししてきましたが、「現実には厳しい一面もある」ということもお伝えしなければならないでしょう。40〜50代の転職が増えているからといって、簡単かというと話は別です。転職できればどこだっていいという人はいませんから、「こういう転職先がいい」という何かしらの理想があるはずです。その理想を可能な限り実現するには、やはり無策というわけにはいかず、しっかりとした作戦が求められます。

たとえば、仮にあなたが20～30代のときに転職したことがあるならば、そのときのやり方や感覚で今、転職に挑もうとすれば、思うようにいかないかもしれません。あるいは、20～30代を対象に書かれた転職本に従って転職活動をしても、満足のいく結果が得られないことも多々あります。年齢に応じた「見られ方」を意識した、年齢にふさわしい転職活動というものがあるのです。

45歳からの転職は20～30代とは異なるゲームである。これは、本章を通じて私が一番お伝えしたいことです。

人生を左右する転職活動をゲームにたとえるなんて軽すぎるとお感じになる方もいるかもしれませんが、ここではあえてそうさせてください。転職活動には一定のルールや攻略法があり、それさえ知識として押さえて適切にプレイすれば、クリアできる性質のものだというメッセージをお伝えしたいからです。

採用企業の思考原則を理解する

まず、このゲームを語る上で欠かせないプレイヤーである採用企業について、しっかりと理解するところから始めましょう。

ここでひとつ、知っておくべき採用企業の思考原則があります。

それは、採用企業の本音は「選べるのであれば若いほうがいい」ということです。採用ポジションによってはもちろん例外もありますが、大きくは、このように考えておいて損することはありません。

なぜそんなにも若い人にこだわるのかというと、理由は2つ。ひとつは、給与の問題です。一般論として、50代後半までは、年齢と平均年収は比例します。採用企業にとっては、同じポジションで採用するにしても、年齢が高い人材のほうが前職の年収も考慮し「高くつく」ことが往々にしてあるのです。

もうひとつの理由は、少しでも長く働いてくれる人を採用するほうが企業にとってお得だからです。55歳の人を採用しても、定年まで5年しかありませんが、30歳の人ならば30年あります。当然、理論上の話ですし、こう考える企業に限って、若い人が30年どころか数カ月で辞めているじゃないかというツッコミはあるのですが……。

大手転職サイト「リクナビNEXT」の元編集長で、ルーセントドアーズ代表の黒田真行氏は、著書『40歳からの「転職格差」――まだ間に合う人、もう手遅れな人』（PHPビジネス新書）の中で「ミドル世代の転職では、5年おきに求人数が半減していく」と述べています。つまり、50歳の求人数は、45歳の半分。55歳の求人数は、50歳のまた半分ということです。

半減するというのは概念的な数字ではありますが、確かにライフシフトラボの転職支援の現場での実感とも一致しています。もちろん、「45歳まで応募可」などと求人票に堂々と書いてあるわけではありませんが、企業が求人を募集する際に、概ね何歳くらいの人までを採用対象とするかは、あらかじめ決めているものです。

このように、ゲームとしてはかなり難度の高い舞台設定でプレイを進めなければいけないのがミドルシニアの転職活動です。ただ、繰り返しますが、攻略のコツを知っていれば、決してクリアできないわけではありません。

転職の成功条件は「幅」で定義しよう

「クリアできる」と申し上げましたが、転職活動というゲームにおいて、クリアとは何を指すのでしょうか。ゲームには通常、クリアの明確な定義があるように、転職についても成功条件を考える必要があります。

転職ができたら、つまり別の会社に移れさえすればクリアでしょうか。当然そうではありませんよね。では、第一志望の会社に転職できたらクリアでしょうか。残念ながらそれも不十分です。

転職は、新しい会社で働くスタートであって、ゴールではありません。この先、その会社でどんな仕事をしていきたいのか、どんな働き方で、何を実現したいのか。それを見据えることなく転職先を決めてしまうと、入社後に大きな後悔を抱えることになりかねません。

このような観点で、まずは自分にとってのクリアとはどういう状態かをしっかりと

考えることに十分な時間をかけていただきたいのです。

このとき、クリアの定義を「幅」で考えることが、ミドルシニア転職の場合は特に重要です。「この唯一のクリア条件を達成すれば成功、それ以外は失敗」というオール・オア・ナッシング的な考え方ではなく、「譲れない条件はコレ」「この条件はできればでＯＫ」という具合に、自分なりに優先順位をつけること。もちろん、理想をすべて実現できるに越したことはありませんが、そうでなくても一定のライン以上に達すれば納得できる、という幅を設けておくのです。それによって、本当に大切なものを手に入れられる可能性が高まります。

先ほどお伝えした舞台設定において、理想を１００％実現する転職というのは、現実問題として至難の業です。ハードルの高い唯一のクリア条件にあまりに執着しては、ともすれば自分で自分を苦しめることになってしまいます。転職活動は苦戦し、うまくいかない自分を責め、自信を失い、最終的にどこかの会社に転職した後も、「妥協して入った会社だ」と卑屈になる気持ちに悩み、しかるに十分に力を発揮できず、評価もされない……という目も当てられない結末は避けたいものです。

転職がうまくいかない人には2つの共通点がある

次に、ミドルシニア転職への心構えについても触れておきます。

40〜50代の転職がうまくいく人といかない人との違いは何でしょうか。いわゆる市場価値があるかないか、面接の受け答えをスムーズにできるコミュニケーション力があるかないかではありません。私は、ミドルシニア転職がうまくいかない人には大きく分けて2つの共通点あると考えています。

1　自分本意な人

うまくいく人は相手本位です。転職は、自分と企業が相思相愛になって初めて成立するマッチングゲームです。資格の勉強のように、試験で基準点以上を取れば合格できるというような相手不在、自分次第の活動とは性質がまったく異なります。

「転職先の条件にはしっかりこだわりたい」と考えるのは当然です。しかし「年収はいくら以上、リモートワークができなければ嫌だ、通勤時間は1時間以内、定時で帰れること、年間休日は……とあまりにも自分本位の条件だらけのスタンスでは、決まるものも決まらなくなってしまいます。

必要なことは、相手本位になって、相手が自分を好いてくれる、つまり採用してくれるには、どういう人間として振る舞い、何をアピールすればいいだろうかを想像し実践することです。自分は「選ぶ側」であるという以上に「選ばれる側」であるという意識を忘れない人こそが、結果的に企業を選ぶ側に立っています。

ただし、「選ばれる側」の意識を持つことと、媚びへつらうことはまったく違います。自分を偽って猫を被ったり、「何でもやらせていただきます」と胡麻をすって内定を無心するかのような振る舞いをしても、これは逆効果です。

転職活動は、入社すること自体が目的なのではなく、入社後に活躍したり、自分の理想とする働き方を実現することが目的です。それを履き違えて取り繕って入社しても、後悔する結果になってしまいます。

志望企業が求めているであろう（＝相手本位）自分の偽りなき強みや経験を正々堂々アピールし、それがしっかりと伝わってオファーを受ける。そんなプロフェッショナルらしいマッチングを目指しましょう。

2　転職がうまくいかないことを年齢のせいにして思考停止する人

確かにそう思いたくなる気持ちは痛いほどよくわかりますし、本当に年齢だけでお見送りになってしまうことも実際にあります。しかし、それこそ誰もが内心わかっている正論をあえて言葉にするならば、「年齢のせいだ」と片付けて、それで思考停止してしまっては転職活動も好転しません。年齢は変えられないからです。

「書類の書き方が悪かったのでは」「企業の情報収集が不足していたのでは」「強みをうまくアピールできなかったのでは」と、自分でコントロールできることに絞って改善を続ければ、必ず結果につながるとは約束できないまでも、採用の確率は絶対に上がります。ミドルシニア転職ならではの「正しいやり方」に目を向け、実践し、「年齢のせいだ」という考えに逃げないことが大切です。

では、その正しいやり方とは何か。これから詳しく説明しましょう。

実践編

45歳からの転職フェーズ別攻略法

転職活動は、フェーズごとに分けると理解しやすくなります。そこで、ここでは「企業選び」「強みの棚卸し」「書類作成」「応募」「面接」「条件交渉」という順に、ミドルシニア転職の攻略法を詳しくお伝えします。

ただ、転職ノウハウを1から10までお話ししていると、それだけで本を1冊書ける分量になってしまいます。そこでここでは、ミドルシニア転職の原則をまとめました。

世代を問わず共通する原則ももちろんありますから、世の中に流通する数多くの転職関連書籍を読むことはとても有益です。たとえば、森本千賀子氏による『本気の転職パーフェクトガイド』（新星出版社）は、転職活動の全体像と進め方を体系的に理解できます。佐野創太氏の『ゼロストレス転職――99％がやらない「内定の近道」』（PHP研究所）は、本書の構成と同じように、転職活動のフェーズ別のすぐに試せる具体的なノウハウがぎっしり詰まっています。同書に加えて、中谷充宏氏監修の『40歳からの転職成功メソッド――自己の価値を高める戦略的な準備と対策』（メイツユニバーサルコンテンツ）も読むと、ミドルシニア転職のノウハウを一層幅広く学べるでしょう。

転職活動の情報収集手段は書籍だけではありません。直近で転職をお考えの方は、インターネットも利用して最新の情報にキャッチアップすることが重要です。手前味噌ですが、ミドルシニア転職の最新トピックは、ライフシフトラボが運営する公式YouTube「40代・50代からの転職チャンネル」でも配信していますので、本書と併せてぜひご視聴ください。

企業選び　年収アップでなく、年収が落ちない会社を選ぶ

「せっかく転職するなら年収を今より上げたい」という考えを否定するつもりはありませんし、それができるに越したことはないでしょう。大手転職サイト「doda」の

レポートによると、40代のdoda利用者の平均年収は転職前572万円に対し、転職後は562万円となっており、わずかながらも下がっています。[1]同じ調査で、20〜30代の場合は転職後の平均年収は５％ほど上がっていることを踏まえると、40代以降の転職で年収を上げるのが簡単ではないことがわかります。

そこでおすすめなのが「年収が落ちない会社を選ぶ」という考え方を持つことです。その考え方が、転職の選択肢を大きく広げてくれます。

「年収を上げたい」というときの年収とは、転職時の一時的なオファー年収ではなく、長い目で見た生涯年収を意味しているはずです。提示される額面年収が高くても、役職定年や再雇用での下げ幅が大きい会社や、業績・成果連動で中長期の年収の見通しを立てづらい会社はいくらでもあります。

逆に、65歳までほとんど年収が落ちない設計になっている中小企業は案外多いのです。一時的に年収ダウンになったとしても、生涯年収で見れば逆転するというケースは珍しくありません。

1　パーソルキャリア「年代別 転職時の年収変動レポート」（2024）

Case

生涯年収アップと働きがい、二兎追うことに成功したEさん

一時的な年収ダウンを許容したことで生涯年収を上げることができた実例を紹介しましょう。

大手電機メーカーに勤めていた技術職のEさん（58歳男性）は、700万円の年収を捨て、年収450万円を提示された国立研究開発法人に研究開発職として転職しました。一見、大幅な年収ダウンに見えますが、Eさんは、このまま会社に勤め続けても、2年後に迫る定年後は年収がさらに激減する予定でした。晩婚のため、子どもの学費をまだ稼がなければならないEさん。このままでは家計が成り立ちません。

一方、この法人の場合は60歳以降も年収が下がらず、場合によっては70歳まで働く機会もあります。そこを理解した上で生涯年収を試算し、「これならやっていける」と転職に踏み切ったのです。目先の年収ダウンは、退職金を切り崩せば十分にやりくりできます。

目先の年収にこだわらず、結果的に得する転職の好例です。

企業選び

経験職種だけでなく、未経験・高収入の穴場職種を

選択肢を広げる手段として、年収が落ちない会社を選ぶ以外にも、未経験可・高収入・安定の三拍子そろった「穴場職種」に目を向けることもおすすめです。

転職先の企業が40～50代の人材に期待することはズバリ、即戦力です。これまで培った豊富な経験を活かすことが求められていることから、いわゆる未経験転職のハードルは20～30代の転職活動よりも高いと言えます。

しかし「今までやってきた仕事とは違うことをやりたい」という方も多いはず。その希望を実現できる、未経験転職が例外的に可能な穴場職種とは、エッセンシャルワークです。

エッセンシャルワークとは、私たちの日常生活を維持するために不可欠な職業のことを指し、代表例としては医療、介護福祉、保育、教育、自治体・公共交通機関などの公共サービス、ガス・水道・電気・通信など生活インフラ、物流、生活用品を扱うスーパーやドラッグストア、コンビニなどの小売業などが挙げられます。景気などに

左右されることなく、どんな状況であっても社会インフラとして必要不可欠であり、今後もなくなることのない職業です。

このエッセンシャルワークの人手不足の深刻さについて、あらためて述べる必要はないでしょう。昨今、その状況によって賃金や職場環境がどんどん高待遇になっていることもご存じかもしれません。**「エッセンシャルワークは低賃金」というイメージが従来はあったかもしれませんが、そのイメージは古くなっています。**現年収が300万~400万円台のデスクワークの方にとっては、エッセンシャルワークに転職すれば年収アップになるケースも多いでしょう。

たとえば、タクシーの乗務員が高年収の職種であることは、次第に世に知られてきましたね。ぜひ、今スマホを手に取り、インターネットで「東京　タクシー　求人」と検索してみてください。ヒットする求人票の給与欄はいくらになっていますか。年収700万~800万円の求人がゴロゴロ見つかるのではないかと思います。年収1000万円を超える乗務員のインタビュー記事もありました。全国的に見れば、東京のタクシー乗務員の年収が他道府県に比べて突出して高いことは事実ですが、それをおいてもタクシー乗務員というのは各地域の平均年収を超える高年収職種であり、40〜50代転職者へ門戸も大きく開いています。

ただ、タクシー乗務員は夜勤が多くなる隔日勤務という働き方が主流であり、平日の朝会社に行って、夜帰ってくる生活に慣れた人にとっては、ハードルが高く感じる人もいるでしょう。また、歩合給の割合が多いため、努力や工夫次第で年収1000万円の乗務員もいれば、その半分の乗務員もいる、という世界。これも人によっては懸念点かもしれません。

こうしたタクシー乗務員のメリットとデメリットと対の関係にあるのが、ハイヤー乗務員です。会社によって条件が異なりますが、ハイヤーの乗務員は複業可でかつ年収が下がらないという観点で、多くの人におすすめできます。会社役員などのVIPを黒塗りの高級車で送迎することが主な業務で、会社によっては都内なら年収500万円以上も可能かつ定年後も年収が下がらない仕事として知られています。

ハイヤー乗務員の平均年収は、タクシー乗務員よりも少し低め。ただしその分、夜勤は基本的になく、給料も人による差が少ないことが特徴です。高年収を取るならタクシー、働き方を取るならハイヤーと考えておけば良いでしょう。

実際にハイヤー乗務員の方にインタビューしてみると、出社・帰社時の送迎があるため勤務時間が長めではあるものの、その多くは待機時間。車中で過ごしてもよし、客先によっては快適な待機室を用意してくれている場合もあるとのことで、その時間を有効に使ってまさに複業に取り組んでいる人もいます。

Case

自動車好きが高じてハイヤー乗務員にキャリアチェンジした元総務のWさん

「この仕事が本当にやりたいことなのだろうか」。不動産会社の総務部に勤めていたWさん（50歳男性・東京都）は、コロナ禍でオフィス需要が減り、会社の業績が傾いたことをきっかけに、転職を考え始めます。

「もともと運転が好きだったので、人生最後はそれを仕事にしてみたいと思ったんです」。安定して長く働ける職場を探していたWさんは、タクシーとハイヤーの求人に注目。「タクシーは夜間勤務が中心なのがネックでしたが、ハイヤーなら日中勤務で安定した収入が見込めることを知りました」と話します。

普通自動車第二種運転免許の取得費用は全額会社負担。入社後は２週間の座学で都内の地理や接客の基本を学び、その後２〜４週間、ベテランの教育担当官による実務研修を受けます。「外堀通りを初めて運転したときは緊張しましたが、１カ月以上かけてみっちり教えてもらえたので、少しずつ自信がつきました」

ＶＩＰの送迎という仕事柄、接客面で不安を感じる人も多いそうですが、意外にも会話は必要最小限とのこと。

「移動中のお客様は仕事をされていることが多いので、会話するよりはむしろ静かな空間づくりが求められます。ハイヤーは〝移動するオフィス〟なんです」。

「待機中は自己啓発の時間に使えます。私は将来の外国人ＶＩＰ対応に備えて英語の勉強をしています」。また、土日休みや長期休暇も取得可能で、ワークライフバランスも保ちやすいそうです。

「レクサスなどの高級車の運転や、普段は行けない永田町の省庁、首相官邸、ＶＩＰ専用の飛行場に行けるのも魅力です」と目を輝かせるＷさん。「60歳定年後も最長70歳まで働け、年収５００万円以上も十分可能。１人でいることが苦にならない方なら、とてもおすすめの仕事です」と話してくれました。

長年デスクワークの仕事に従事してきた方からすると、エッセンシャルワークに転身することはなかなかイメージしづらいかもしれません。しかし、冨山和彦著『ホワイトカラー消滅――私たちは働き方をどう変えるべきか』（ＮＨＫ出版新書）にあるように、ＡＩの急速な進展によって多くのホワイトカラー職種は代替されていくでしょう。

真っ先に槍玉に上がるのは、年功序列給によってスキルの割に人件費の高いミドルシニアであるとも述べられています。エッセンシャルワークに対する先入観が仮にあるのならば一度それをまっさらにし、採用説明会などに足を運んでみてはいかがでしょうか。

思いがけない適職に巡り合えるかもしれません。

強みの棚卸し　ポータブルスキルでなく、コンテンツをアピール

転職活動において、この先の書類作成でも面接でも必ずついて回り、何度も聞かれることになる強み。転職の武器になる強みの棚卸しは欠かせないプロセスです。

強みとは何かを考える際によく使われる考え方に、ポータブルスキルというものがあります。これは、業種や職種が変わっても持ち運びができる（＝ポータブル）職務遂行上のスキルのことを指します。人材サービス産業協議会が考えるポータブルスキルを205ページの図11に示します。それによると、ポータブルスキルは「仕事の仕方」と「人との関わり方」に分類され、それぞれ細分化された要素で構成されています。自分の強みがこの中のどれに当てはまるかを考えることで、ゼロから強みを考えるよりも当を得た自己分析ができるでしょう。

しかし、20〜30代ならばともかく、ミドルシニア転職では残念ながらポータブルスキルだけでは十分な評価を得ることは難しくなります。

ポータブルスキルに対し「マーケティング」「経理」「労務」など、特定の職種に対する専門スキルのことをテクニカルスキルといいます。言い換えると、求人票でよく見る「〇〇の経験5年以上」の〇〇のことです。豊富な経験があって当然という目で見られるミドルシニア人材は、このテクニカルスキルがどうしても求められます。

このように言うと、テクニカルスキルを中心とする強みの棚卸しはどうしてもハードルが高いように感じてしまうかもしれません。いわゆる「市場価値」の高い強みとは一体何なのか、自分にそんな強みはあるのかと途方に暮れている転職希望者を私はこれまでたくさん見てきました。繰り返しになりますが、重要なことなのでここでもお伝えします。転職においても、強みがない人はいません。

ミドルシニアの転職市場で評価される強みを再認識する上でも、これまで扱ったコンテンツ思考が同様に有効です。

おさらいになりますが、コンテンツとは「会社あるいは他社にとって価値がある、再現性のある知識体系・ノウハウ」でした。第２章のじぶんコンテンツ発見ワークでは「もしあなたがハウツー本を書いたら」という架空の問いを立てましたが、複業と違ってどこかの会社に雇われることありきの転職市場では、少しワークをアレンジする必要があります。転職の武器になるじぶんコンテンツを見つける方法は次の通りです。

もしあなたがビジネスセミナーに登壇したら

筋書きはこうです。あなたに1時間のビジネスセミナー登壇の機会が与えられました。「〇〇ビジネスEXPO」といった大きな展示場のステージで行うようなものをイメージしてください。勤め先だけではない不特定多数の企業の担当者が、自社で活かせるノウハウを求めて聴講しに来ます。

さて、あなたは何の担当者を対象に、どんなテーマでセミナーを行いますか。セミナーのタイトルを考えてみましょう。「〇〇する方法」「〇〇するには?」「〇〇するポイント」で終わるタイトルを考えることができたら、それこそがあなたのじぶんコンテンツです。

「そんな大舞台で話せるようなことなんてない」とはお考えにならず、自分の中で相対的に話せそうなことをピックアップするだけで問題ありません。

たとえば、部署の縁の下の力持ちである庶務の仕事に従事してきた人の強みを考えてみましょう。「ミスがない丁寧な仕事ぶりが私の強みです」と仮にアピールしても、確かに評価してくれる会社もあるとは思いますが、抜きん出た高評価を得るには、もう一声欲しいところ。

ポータブルスキル（社外でも適用する能力）

【専門知識・専門技術】

【仕事の仕方】 仕事における前工程～後工程のどこが得意かを見ていく	現状の把握	•仕事関連動向を押さえるためにコンスタントに情報を収集する •複雑な情報やデータに対する評価・分析をする
	課題の設定	•新しい商品・技術・仕事のやり方を考える •自分なりの問題意識に基づいて、目標や課題を自ら設定する
	計画の立案	•最終的なゴールに向けて、効果的なシナリオを描く •課題の優先順位をつけ、具体的な実行計画を立てる
	課題の遂行	•品質基準・納期を厳守しながら、業務を確実に遂行する •強いプレッシャーの中で、達成基準をクリアする
	状況への対応	•日々の判断を自分で行い、その結果責任を負う •予期しない状況の変化に直面しても、臨機応変に対応する
【人との関わり方】 マネジメントだけでなく、経営層や上司、お客様など全方向の対人スキルを見ていく	社外対応	•顧客・社外関係者に難しい内容を的確に納得感高く伝える •価値観の異なる人々や利害の対立する顧客・社外関係者と調整し、合意を獲得する
	社内対応	•経営層・上司・関係部署などに難しい内容を的確に納得感高く伝える •価値観の異なる人々や利害の対立する社内関係者と調整し、支持を獲得する
	部下マネジメント	•能力や専門の異なる部下・メンバーの動機づけ・育成・指導を行う •部下やメンバーの持ち味を把握して業務を割り当てる

適応可能性

【適応の仕方】 環境に受動的に順応するのが得意なのか、自ら周囲に働きかけながら適応していくタイプなのかなどを確認する	•指示を待つのではなく、自らの意思で積極的に行動する •何事も前向きに受けとめ、建設的に考えようとする •人に対して開放的、素直で、親しみを感じられる •謙虚に他者の意見に耳を傾ける •環境変化を受け入れ、変化することを恐れない
【職場の特徴】 どのような組織であれば適応しやすいかを確認する	•組織における仕事の進め方の特徴 •組織における対人関係の特徴 •組織で重視される価値観

図11　2つに分類されるポータブルスキル
出所：人材サービス産業協議会

たとえば次のようなじぶんコンテンツにまで落とし込んでアピールできればどうでしょうか。あなたが採用担当者だったら、こちらの人を採用したいと思いませんか。

「丁寧な仕事」というじぶんコンテンツ──1分で差がつくおもてなし仕事術

丁寧な仕事ぶりを評価いただくことが多い理由は、メールの送信や書類の提出など、仕事を誰かにバトンパスする際、プラス1分でひと手間かけるようにしているからです。無機質になりがちなメールの文頭に気の利いた挨拶を入れる、誤字脱字をもう一度確認する、パワーポイント資料のファイルサイズを小さくする、確認してほしいページにコメントつきの付箋を入れるなど。たった1分のことでチームメンバーが少しだけ気持ちよく働ける。そんな気遣いを心がけています。

じぶんコンテンツは同じ職種に転職するときにしか使えないのではないかという質問をよく受けますが、そのようなことはありません。異職種の転職にも応用するためのポイントは、少しだけ抽象度を高めることです。事例を見てみましょう。

Case

お客様相談窓口でクレーム対応を担当をしていたNさん

通信会社のコールセンターで派遣社員として勤め、安定した仕事を求めて正社員転職を目指していたNさん（48歳女性）は当時、もっぱらクレーム対応を担当していました。「もしあなたがビジネスセミナーに登壇したら」というコンテンツ発見ワークを試してみたところ、出てきたのはズバリ「クレーマーの怒りを収めるコミュニケーション術」でした。

精神的に疲弊して離職する人もいる職場において、3年大過なく勤めているNさんは職場でも評価されていたのです。

ビジネスセミナーに登壇することを想定し、クレーム対応で意識していることをあらためて考えてみたところ、「自分が怒られているわけではないと割り切ること」「相手の話をよく聞き、相槌を打つこと」「安易に謝罪はせず、相手の心情に共感を示すこと」が挙がりました。

こうしたポイントを書類や面接でアピールできれば、別の会社のコールセンターに転職できる可能性は高いものの、Nさんは内心、「今後10年以上この仕事を続けるのはちょっときつい」と、別の職種にチャレンジしたいと考えていたのです。

Nさんは、じぶんコンテンツをクレーム対応以外の仕事でも通用するように抽象度を高め、「対応が難しい客とのスムーズなコミュニケーション術」と捉え直すことに。その視点で求人探しを始めるうちに興味を持ったのが、就労自立支援スタッフの仕事でした。

就労支援は、時には感情的になってしまうこともある相談者に寄り添い、その一方で言うべきことはしっかりと言って自立を後押ししなければならない、非常にハイレベルなコミュニケーション技術が求められる仕事です。Nさんの見立て通り、コールセンターでの経験は高く評価され、48歳非正規というハンディキャップを打ち破り、正社員としての転職に見事成功。

年収は派遣社員時代と比べて少し上がった程度ではあるものの、公共性の高い安定した仕事であること、ワークライフバランスが良く複業もできることから、転職先にはとても満足しているとのことでした。

Ｎさんのように、じぶんコンテンツの抽象度を一段階高めることで、未経験の職種にも選択肢を広げることは十分に可能です。未経験の職種とのマッチングをＮさんのように自力でやり切るのは難しい場合もあります。転職エージェント、ハローワーク、あるいはライフシフトラボのような有料の転職塾など、プロのアドバイスをもらえる相談機関を頼ってみると良いでしょう。

書類作成

経歴は編年体式でなく、キャリア式で書く

ミドルシニアの転職における最大の関門といっていいのが書類選考です。まずは次ページの図12のデータをご覧ください。

これは、転職に成功した約３００人の40〜50代の方にヒアリングした、転職活動の「戦績」を集計したものです。入社にこぎつけるためには、なんと１５０社もの応募が必要であることがわかります。その理由は、書類選考の通過率に注目すると一目瞭然です。ざっくり９割はお見送りになるという直視したくない実態があります。言う

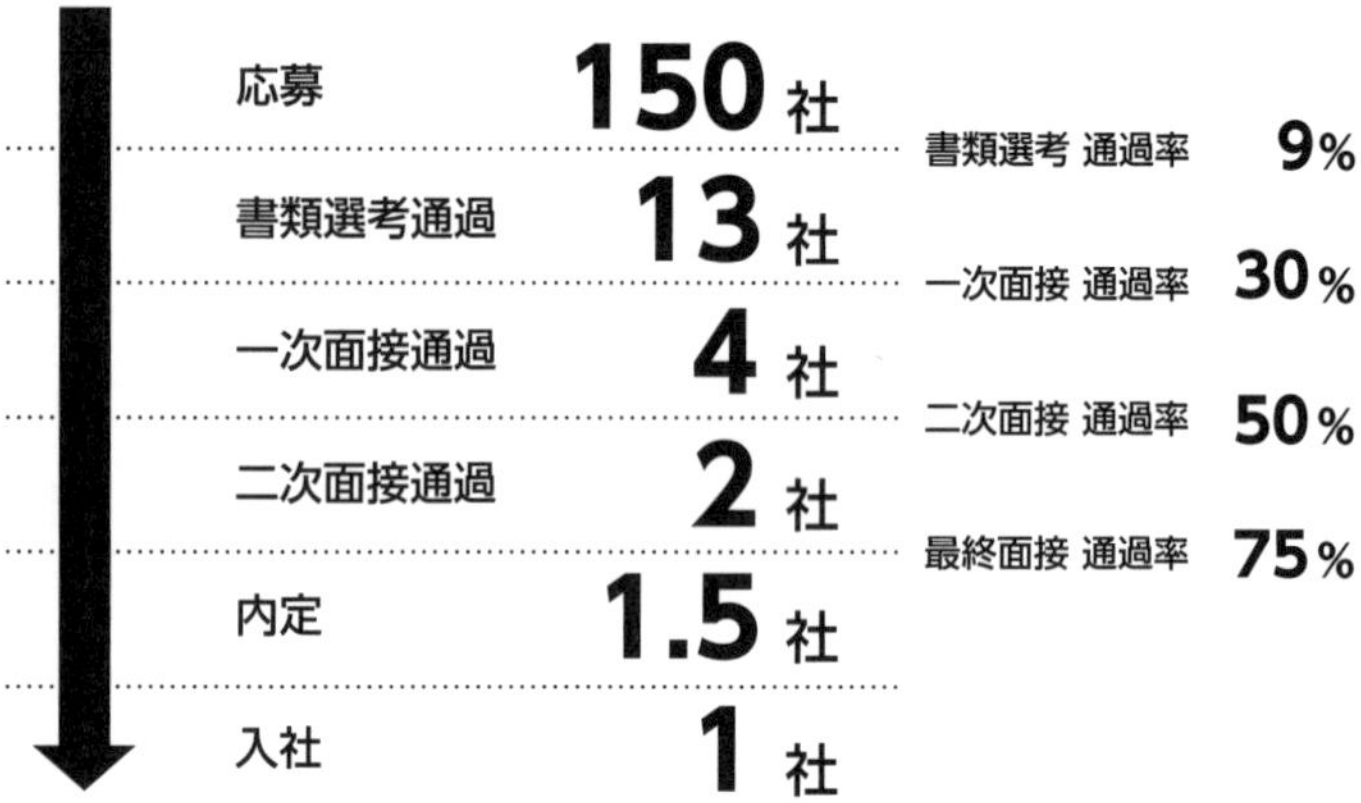

応募	**150**社	書類選考 通過率	**9**%
書類選考通過	**13**社	一次面接 通過率	**30**%
一次面接通過	**4**社	二次面接 通過率	**50**%
二次面接通過	**2**社	最終面接 通過率	**75**%
内定	**1.5**社		
入社	**1**社		

図12　転職活動の現実を直視しよう

までもなく、年齢を主要因とするものと推察されます。

マネジメント経験が豊富で高い専門性を有している、人材業界で言うところの市場価値が高い一部の「ハイクラス人材」の場合はこの限りではありませんが、平均的な年収帯の方に求められる活動量としては、非常に当を得た目安と言えます。

なお、書類選考以降の面接の通過率は、年齢による違いはほとんどありません。面接に呼ばれている時点で、年齢によるスクリーニングはひとまず突破しているので、あとは企業が求める人物像かどうかを公平に判断されるということですね。

そこでまずは、最大の関門である書類選考をいかに突破するかに照準を合わせることが重要です。「どうせ９割落とされるなら、書類なんて適当でいいじゃないか」と投げやりになってはいけません。

内容以前の問題として「ワードなどの文書作成ソフトを使い慣れていない」「文章能力がない」と判断される以下のチェックポイントは、転職あるあるの落とし穴です。「選べるのであれば若いほうがいい」という企業側の本音を思い出してください。内容以前の枝葉末節が原因で、あなたと同じ求人に応募した他の候補者に軍配が上がってしまったらもったいないですよね。

・ウェブ履歴書のすべての項目を入力したか？
・ＰＤＦ化せずに送っていないか？
・フォントや文字の大きさは統一されているか？
・相手が適切に表示できないマニアックなフォントを使っていないか？

・行間・改行・インデントなどのルールが一貫しており、見やすいか？
・太線・下線などで表記するルールが一貫しているか？
・冗長すぎず、3ページ程度に収まっているか？
・誤字脱字はないか？
・業界の専門用語が並んでいないか？
・守秘義務に違反していないか？
・一文が長すぎないか？（例：〇〇し、〇〇し、〇〇の後、〇〇し……）

多くの人が悩む職務経歴書に何を書くべきかについては、転職サイトで見つかる情報や関連書を参考にすればそれほど間違えることはありません。ミドルシニア転職に限ってひとつ難しい点があるとすれば、社会人歴が長い分、職務経歴書が長くなりがちということでしょう。

転職回数が多い方や、派遣社員として働いた会社数が多い人の場合、すべての会社についてセクションを設けているだけで簡単に5～6枚になってしまいますよね。3

【職務経歴】

職種	内容
一般事務事務 （通算16年3カ月）	伝票処理、備品発注、勤怠管理、有給取得管理、会議資料作成、売上台帳入力、売上伝票作成・締め処理 ＜XXX 株式会社＞ 事業内容：不動産仲介業、売上高：15億円、従業員数：50名 ＜YYY 株式会社＞ 事業内容：食品加工業、売上高：80億円、従業員数：500名 他、派遣社員として3社で経験
コールセンター （通算4年5カ月）	サービスの利用に関するお問い合わせ、利用方法のご案内、クレーム対応 ＜ZZZ 株式会社＞ 事業内容：携帯電話販売代理業 売上高：20億円、従業員数：40名

図13　キャリア式で職務経験欄を書いたサンプル

枚程度に収めるには、どうすれば良いでしょうか。

一般的に職務経歴書の書き方には、キャリア式、編年体式、逆編年体式の３種類の形式があります。ライフシフトラボでは、40歳以降の転職では、基本的にキャリア式で書くことを勧めています。編年体式は、過去に取り組んできたことを会社ごとに時系列でまとめる書き方ですが、キャリア式は、職種やスキルを軸にまとめていく書き方です。

即戦力であることが前提となるミドルシニア転職では、「どこの会社で働いてきたのか」以上に「何ができるのか」を採用担当者は気にします。キャリア式ならば、勤めた社数が多い人でもスッキリとまとめることができますし、もっと言えば、職務経歴書で過去に勤めた会社名をすべて網羅する必要はないとも考えています。

「どこの会社で働いてきたのか」は履歴書、「何ができるのか」は職務経歴書、というように役割分担するのがミドルシニア転職では特におすすめです。213ページの図13は、事務職の派遣社員の方を想定し、キャリア式で職務経験欄を書いたサンプルです。何ができるのかを目立たせ、必ずしもすべての勤め先の社名を書いていない点にご注目ください。

書類作成 顔写真は証明写真ボックスでなく、必ず写真館で

書類についてもうひとつ、とても小さなことですが、採否にきわめて大きな影響を及ぼすことを付け加えておきたいと思います。それは履歴書の写真です。写真は駅の証明写真ボックスなどではなく、必ず写真館で、プロに撮ってもらいましょう。

写真はとても大事です。竹内一郎著『人は見た目が９割』（新潮新書）という本がかつてベストセラーになりました。本当に９割なのかはともかく、採用担当者だって１人の人間です。履歴書を開いたときに写真に最初に目が行くのは人間の本能として避けることはできません。そして、数々のフィールドリサーチでも裏付けられているように、写真から受ける印象は、間違いなく採否に影響しています。

特に応募してきた候補者が40～50代の場合、若々しさや健康的に見えるかどうかは、採用担当者としてはどうしても気になるところです。「年齢は少し気にかかるけれど、快活で一生懸命働いてくれそうだ」という印象を持ってもらえれば、「一度会ってみよう」となるでしょう。証明写真ボックスではどうしてものっぺりとした印象になってしまいます。ここはやはり、プロのフォトグラファーに委ねるべきです。

ライフシフトラボの受講者の中にも、１００社受けてまったく書類選考が通らずに困っているという52歳の男性がいらっしゃいました。「ちゃんと髪をセットして、スーツを着て写真館で撮ってきてください」とお願いし、その写真で履歴書を出し始めると、内容はほとんど変わっていないにもかかわらず、次々と書類選考に通るようになったのです。念のために付け加えると、ここでお伝えしたいことは美男美女でなければならないという話ではなく、健康的で快活な印象や清潔感が大切だ、ということです。

もっとも、「人を見た目で判断するなんて」という意見は当然あると思います。ルッキズムや性別、年齢、人種などのバイアス、差別を防ぐ観点から、履歴書の写真は不要とする動きがグローバルの潮流です。しかし、現実問題として我が国の転職市場の慣習では、今のところ履歴書には写真が貼付されているのが当たり前とされており、従っておくのが無難です。人生の大切な岐路に関わることですから、ここは正論を振りかざすよりも、実利を取ったほうがいいでしょう。

書類作成

履歴書・職務経歴書だけでなく、ピッチ資料も追加

履歴書・職務経歴書が書けても安心はできません。「書類をしっかり作るのは当たり前。それでもどのみち9割落とされる」という苦しい歩留まりを改善する手は他にないのでしょうか。

やや手間がかかりますが、本気で転職をお考えの方にぜひチャレンジしていただきたいのが、第2章でも触れたピッチ資料を作ること。転職活動でも効果は抜群です。履歴書・職務経歴書・ピッチ資料の3点セットを提出し、少しでも採用担当者の関心を引くことを狙いましょう。

ピッチ資料のフォーマットは複業とまったく同じで、ここでもやはりアピールすべきはじぶんコンテンツです。本章から読み始めた方は、第2章に戻り、コンテンツという概念とそれを表現するピッチ資料の作成方法をぜひご一読ください。

「余計な資料を提出してマイナス評価になるのではないか」という心配は無用です。確かに書類選考はたいていの場合、「履歴書と職務経歴書」を提出することになって

います。ここで大事なことは、「他の書類を出してはいけない」とは書かれていないことです。

採用担当者の立場に立って想像してみてください。人手不足のご時世とはいえ、求人を出せばそれなりの数のエントリーがあります。提出された応募書類を1人ひとり吟味し、当然公平に選考しなければいけません。しかし、みんな同じようなフォーマット、おまけに応募者のほとんどは（失礼な話ですが）採用候補として箸にも棒にもかからないという場合もあります。

採用担当者も人間ですから、次第に飽き飽きしてくるのも不思議はないでしょう。そんな中で、他の候補者にはない見やすいスライド資料が添付されていれば、必ず目にとまります。もちろん、面接につながるかどうかは採用担当者の判断に委ねられますが、その他大勢の候補者と同様にさらっと見られるよりは印象に残りますし、ここまでやってもダメならご縁がなかったと、諦めもつくというものです。

応募

応募する企業の吟味は大事、でも数はもっと大事

ここからは応募についてです。40～50代の転職について、20～30代の転職アプローチと最も大きく異なるのが、ある程度の物量作戦が必要であることです。

平均的な年収の方が転職を成功させるには、だいたい１５０社の応募が必要とは先ほどお伝えした通りです。９割は書類選考で落ちてしまうものの、よほど求人票に「20代が活躍中！」などとわかりやすく書いていない限り、受かるか落ちるかは応募してみなければわかりません。そうなるとやはり、一定の応募量は欠かせません。

誤解しないでいただきたいのですが、私は決して「数撃ちゃ当たる」精神で当てずっぽうに応募することを勧めたいわけではありません。むしろ、そのような無作為な取り組み方は、本来ご縁があったかもしれない企業を見落としてしまうリスクすらあるためやめるべきです。大切なことは、必要な行動量を満たしつつ、一社一社の吟味も行うバランス感覚でしょう。

というのも、とかく40～50代の転職希望者は、求人への応募に慎重になりがちです。無理もありません。「万が一、自分に合わない会社に転職してしまった場合、次の転職は今よりももっと難しいかもしれない。今回が事実上、人生最後の転職になるかもしれない。絶対に失敗できない……」。

こうした気持ちから、早く転職したいと願いながらも、警戒心強く1つひとつの求人票とにらめっこし、会社ホームページもよく見て、会社の口コミやSNSでの評判も調べられるだけ調べ、何時間も吟味に吟味を重ねてようやく応募するかしないかを決断する人は少なくありません。しかし、こんな調子では150社には届きませんし、疲弊してしまいます。これだけ時間をかけて、一世一代の決心で応募した会社からあっけなくお見送りの連絡が来ようものなら、いよいよ精神的にまいってしまいます。

乱暴な表現ですが、「どうせ9割は落ちるんだ」と織り込んでおくと、ラクな気持ちで転職活動を進めることができるでしょう。転職活動の良いところは、辞退しようと思ったらいつでも辞退できるということです。お見送りするのは企業も自分も、お互いさま。少しでも興味を持った企業や希望条件にマッチする企業には気軽に応募し、面接を通過したとしても「合わない」と思ったら他を当たれば良いのです。

応募　転職エージェントだけなく、あらゆる手段をすべて使う

物量作戦といっても、やみくもに応募すればいいというわけではもちろんありません。自分にとって最適な転職ルートを用いることが転職成功の近道です。

近年は、大々的なテレビCMの影響もあって、転職しようと決めたらまずは転職エージェントに相談するという人が増えました。それはもちろん良いのですが、ただ、ルートはそれだけではありません。他にもいろいろなやり方があることを、ぜひ知っておいてください。

特に45歳以降になると、現年収が一定以上ない限り「転職エージェントが真面目に動いてくれない」「まったく希望していない求人を紹介される」といった現象が頻発します。転職エージェントが会ってくれればまだ良いほうで、5分の電話相談であっ

けなく終わってしまったり、「あなたにマッチする求人が入り次第、ご連絡いたします」という体の良い断り文句（実際、その連絡は来ない）のメールが届いたりすることもあります。

転職エージェントの肩を持つわけではありませんが、こうした扱いを受けることになるのはその転職エージェントが意地悪だからではなく、人材紹介業の構造に原因があります。

ご存じの方も多いと思いますが、人材紹介会社は人材を募集する企業側からお金をもらうビジネスモデルです。具体的には、企業が人材紹介会社経由で人材を採用すると、その人材の入社時の理論年収の30～40％を相場とする成果報酬を人材紹介会社に支払います。つまり、年収１０００万円の人材の採用成約時には、３００万円～４００万円の売上が人材紹介会社に発生するということです。

企業側がお金を払うビジネスモデルであるがゆえに、転職希望者は無料で転職エージェントに相談できる利点がある半面、ビジネスとしてドライに見れば、人材紹介会社にとって転職希望者は〝仕入れ〟に等しい性質のものです。良い人材を仕入れ、高く売りたい。このような力学において、人材紹介会社が売上を最大化しようとすれば、どういう人材を仕入れるべきでしょうか。内定しやすい人、そして年収が高い人ですね。

一般論として、ミドルシニアは残念ながら、人材マーケットにおいては内定しづらい部類に入ります。転職エージェントの立場に立つと、せっかく時間をかけて面談しても、それこそ先述のように１００社受けても内定につながらないようでは、そこまでに割いた時間は一銭にもなりません。その間に、大手企業に勤める年収８００万円の30歳と面談しているほうが、はるかに高確率で売上につながるわけです。

転職エージェントに塩対応されてしまうと、つい落ち込んでしまうものですが、ご心配なく。転職の手段は何も転職エージェントだけではありません。２２５ページの図14をご覧ください。これは、黒田真行著『35歳からの後悔しない転職ノート』（大和書房）から引用した、国内の転職者の各転職ルートの決定割合です。縦軸は、各転職ルートで決定する人の年収相場を概念的に表しています。

これを見ると、転職エージェント経由で転職先が決まった人は、実は全体の5％しかいないことがわかります。これだけ大々的にCMを展開している割には、転職エージェントのシェアは驚くほど小さいのです。

他の決定ルートを見てみましょう。最大シェアを占めているのは、ハローワークのような公的な転・就職斡旋機関です。厚生労働省が管轄し、地方自治体が運営しているものですが、最近ではハローワークの枠組みとは別に、県や市が独自でミドルシニアの転職支援事業を行うケースも出てきています。

意外にも25％ものシェアを占めているのが縁故採用です。「取引先の社長に誘われた」「同僚が起業した会社に合流した」というような、いわゆるリファラル採用です。特にミドルシニアの転職では縁故が最も転職後の満足度が高いというデータもあります。

そして、ぜひ取り入れるべきは、企業の採用ホームページやお問い合わせフォームを介して、直接応募するやり方です。転職サイトを使って応募するのは便利ではありますが、特に志望度の高い「ここぞ」という企業についてはライフシフトラボでも直接応募をおすすめしています。

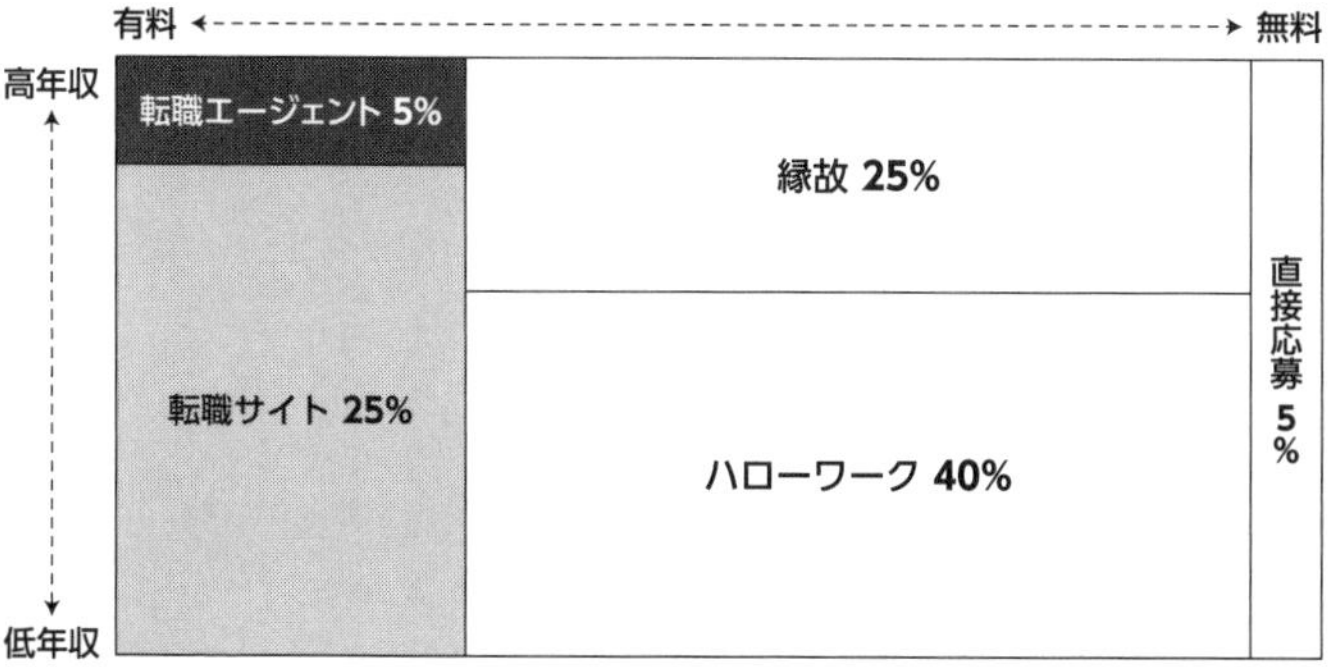

図14　国内の転職者の各転職ルートの決定割合
出所：『35歳からの後悔しない転職ノート』（黒田真行著）

「書類作成」の項でお伝えしたピッチ資料と同じ理屈ですが、多くの人が応募してくる転職サイト経由ではなく、わざわざ直接応募してくる候補者は採用担当者の目にとまります。さらに、会社のホームページのお問い合わせフォームは、採用担当者だけでなく、経営者が直接目を通していることもあります。

あなたの応募書類を採用担当者が見たらお見送りだったかもしれない場合でも、たまたまそれを見た経営者が独断で「この人、良さそうな感じだから、会ってみようよ」と採用担当者に指示してくれれば、命拾いすることになるのです。

図14に戻って、今度は有料、無料とある横軸に注目してください。これは、企業にとっての採用コストを意味しています。企業にとって、転職エージェント経由で人材を採用するのは先述の通り有料。縁故やハローワーク経由、直接応募の場合、コストはかかりません。この企業側にとってのコスト感覚は、転職活動をする上で知っておくべきものです。

というのも、同じくらいのスキルを持つ2人の候補者の中から1人を選ぶべき土壇場の状況で、かたやAさんは転職エージェントからの推薦、Bさんは採用ホームページからの直接応募だったとき、コスト観点でBさんが選ばれる場合があるからです。企業にとって、Aさんの採用コストは数百万円、Bさんならタダです。

とはいえこれは、土壇場の二者択一という特殊なシチュエーションであって、「だから転職エージェントや転職サイト経由で応募すると不利になる」というのは言いすぎです。目の前に採用したい人材がいれば、多少コストがかかっても企業は採用したいと考えるものです。安心して使っていただいて構いません。

縁故、ハローワーク、直接応募のような企業にとって無料の採用ルートに関する情報は、意外に流通していません。転職に関する情報を積極的に発信している人材会社の立場に立つと、このようなお金のかからない採用手段はいわば転職市場の範囲外ですから、自分たちの利益を守るためにも情報を出す道理はありません。だからこそ、ハローワークや縁故採用、直接応募は、ぜひ使うべき「穴場」なのです。転職エージェントや転職サイトだけを頼るのではなく、こうした手段にも手を広げることで、自分の望む転職を叶えられる可能性が格段に高まることになります。

Case

SNSがきっかけで転職したライフシフトラボ取締役の勝田健

最近ではSNSを通じた転職も増えてきています。

実は当社取締役の勝田（当時48歳）との出会いはツイッター（Twitter・現X）がきっかけでした。2021年のこと、自分事業アイデアを構想していた私は、自分のツイッターアカウントでキャリアコーチを募集するツイートを投稿しました。

これを見て、ダイレクトメッセージを送ってくれたのが勝田でした。

この求人は複業の募集でしたので、数回の面接の後、勝田は複業人材として当社に参画することになりました。1年ほどの複業期間を経て取締役に就任し、現在に至ります。

SNSで投稿している社長に直接メッセージを送ることは、多くの人にとって勇気が要ることだろうと思います。それに、普段からSNSをビジネス目的で利用しているなどして、他人に見られても良いアカウントに仕上がっていなければ、マイナスにすらなる場合もあります。

そのため、ＳＮＳ転職は誰にでもおすすめできるものではありませんが、活用できるアカウントがあれば、ぜひ選択肢の1つとして取り入れてみてください。

外資系企業への転職でよく用いられるリンクトイン（LinkedIn）やスタートアップへの転職に強いWantedly（ウォンテッドリー）、YOUTRUST（ユートラスト）など、もともと転職のために利用されることが想定されているビジネスＳＮＳもあります。こちらは職務経歴の登録や求人応募が標準機能としてできるため、ＳＮＳであることをあまり意識せずに転職サイトと同じような感覚で使えます。

ところで、勝田はなぜライフシフトラボに転職したのでしょうか。本人いわく「50歳という人生の折り返しを迎える前に、人材業界に革新を起こすような新しいチャレンジがしたかった」とのこと。

一方、その頃の当社は安定した売上もなく、吹けば飛ぶような会社。このようなハイリスクの選択を勝田がとれた理由は、その気になればいつでも自力で稼げる自信があったからでしょう。いつでも元の会社に戻るなり起業するなりできるというキャリアの安全保障があったからこそ、常識外れとも言われそうな思い切った決断ができたのです。会社に依存せずに自律的にキャリアを形成することの大切さを実感させられます。

面接

建前で塗り固めず、本音を匂わせるほうが好印象

面接において、転職理由についての質問ほどボロが出るものはありません。転職理由をしっかりと答えられれば採用されるわけではありませんが、面接の鬼門として、これだけは特筆しておこうと思います。キーワードは、本音と建前です。

転職理由の本音は、すべてとは言いませんがとかくネガティブな不満になりがちです。複業が禁止されていたから、これ以上給与が上がらないから、上司のパワハラが我慢できなくて、会社の方向性にうんざりして、希望しない部署に異動させられてなど、具体的には千差万別でしょうが、要は「今の会社で不満があったから」というケースが大半ではないでしょうか。

これをそのまま伝えては一巻の終わりです。採用担当者は、そんなことを言ってほしいために転職理由を聞いているのではありません。先述した「相手本位」になって考えると、あなたが希望しない部署に異動させられたことは、目の前の採用担当者に

とっては何の関係もないこと。もっとはっきり言ってしまえば、どうでもいいことですよね。

採用担当者が本当に聞きたいことは、あなたの中長期のキャリアビジョンです。言い換えれば、今後何に挑戦し、どういうふうに成長したいと思っているのか。そして、今の職場ではどうしてもそれが叶わない理由があるのだと納得してもらうことがポイントです。

たとえば、上司のパワハラが原因で転職する場合、転職理由の模範回答例はこうです。

「目の前のお客様に喜んでいただくセールスプロフェッショナルとして、高みを目指したいと考えたからです。私は一貫して、目の前のお客様のためになる提案をすることをやりがいにしてきました。

しかし、現職の上長が着任してからは、お客様ではなく彼の顔色をうかがいながら仕事をしなければ暴言をはかれてしまうことが増え、チームメンバーの８割が退職してしまいました。私自身も、もう一度100％お客様のために、ひいては会社に貢献できる自分になることにエネルギーを注げる環境で働きたいと思い、転職を決意しました」

本音と建前ということで誤解しないでいただきたいのは、「嘘をついても構わない」とお伝えしているわけではないということです。先述した通り、嘘をついて転職に成功しても、後から振り返ったときに良い転職にはなりません。この回答例でも、上司のパワハラがあったことは正々堂々と言及しています。ただ、あくまでも目的はキャリアビジョンの実現であって、パワハラがその障壁になっているから転職する、というロジックになっていることに注目してください。

以下、このロジックを汎用化したフォーマットです。後半の志望動機とともに、【　】内に入るあなた自身の言葉を考えて面接に臨んでください。

フォーマット
転職理由：私が今後のキャリアを通して挑戦したいことは【中長期のキャリアビジョン】の実現です。現職では、【現職の課題】が障壁となってそれを実現することができません。
志望動機：そこで御社では、【活かせるスキル】という私の強みを活かし【応募職種に求められる貢献内容】に取り組んで貢献したいと考えております。

ここまではいわば転職活動の定石として、年齢を問わず意識すべきことです。ミドルシニア転職でも、この回答で十分に合格点以上を取ることはできますが、せっかくなのでもう一歩、ハイレベルな回答を目指してみることにします。逆説的に、あえて本音を少し漏らしてみるという高等テクニックです。

40～50代の転職は珍しくなくなっているとはいえ、採用担当者の中には「この年齢で転職を考えるということは、よほどの理由があったに違いない。もしかすると何か会社で問題を起こしたのではないか」と、慎重に見定めようとする人が少なからずいます。40代はともかく、50代の転職では特にその傾向が強くなります。

そのようなバイアスを持った採用担当者にとって、あまりにも教科書的に美しくまとまりすぎた回答は、かえって釈然としない印象を持たれてしまいます。もしあなたがお勤め先で新卒採用の面接担当を経験したことがあるならば、この感覚をおわかりいただけるかもしれません。用意周到な模範回答をスラスラ話す学生に対して「素《す》の部分が知りたい」とモヤモヤしたことはありませんか。

そこで、先の回答例を少しアレンジし、次の例のように最初にあえて正々堂々とパワハラが理由だと伝えてみるのはどうでしょうか。

「正直に申しますと、最初に転職を考え始めたきっかけは上長のパワハラでした。チームメンバーが次々と、最終的には8割が離職していく様を見て、自分自身もあらためて今後のキャリアを見つめ直してみたのです。

すると、目の前のお客様に喜んでいただくセールスプロフェッショナルとして、高みを目指したいという気持ちを再認識するに至りました。それを実現するために全力を注げる環境で、もう一度１００％お客様のために、ひいては会社に貢献できる自分になりたいと思い、転職を決意しました」

本音がうかがえる発言に、採用担当者も納得してくれると思います。しかし、その後に不満や愚痴をだらだら続けるのは当然ながら悪手で、以降はポジティブな未来軸の話に転換します。話のトーンや間《ま》の設計も求められる上級編ではありますが、面接に一定の自信がある方はぜひトライしてみてください。

面接　即戦力アピールでなく、その場で課題解決策を示す

「当社で活かせる経験とあなたの強みを教えてください」

質問の仕方に多少のバリエーションはあれども、これは面接でほぼ必ず聞かれる質

問です。採用担当者側としては、募集ポジションで求める人材像との一致度を確認したい意図があります。

さて、この質問にどのように回答するか。多くの転職本や情報サイトではこのようなポイントを盛り込むべきと指南されています。回答例も併せて記載します。

・具体的な経験と定量的な成果
・その成果を出すためのプロセスや工夫
・求人企業の課題に対する理解
・その課題解決に向けた具体的な貢献イメージ

「15年にわたって人事制度の設計と運用を行ってきた経験を活かせると考えております。特に、定量的なデータ分析に基づいて施策を立案し、現場の声を丁寧に拾いながら運用してきた点が私の強みです。

具体例を申し上げますと、２年前に１０００名規模の人事評価制度の刷新をリードした際、まず半年かけて部門ごとの評価のバラつきを分析し、現場管理職30名へのヒアリングを実施。その結果、評価基準が主観的で、部門によって大きく異なることに気づきました。そこで、全社共通の評価指標を策定し、評価者研修も実施。その結果、制度導入後1年で評価の納得度は25％向上し、離職率も5％改善することができました。

このような経験を踏まえ、御社でも、データと現場の声の両方を大切にしながら、事業戦略に沿った人事制度の構築・運用に貢献したいと考えております。特に、御社が目指されている事業のグローバル展開に向けて、国内外で一貫性のある評価・報酬制度の整備が必要とお聞きしておりますが、そうした課題にも、私の経験を活かせるのではないかと考えております」

この回答で、マイナス評価になることはないでしょう。しかし、今回ももう一歩踏み込み、よりプロフェッショナルな回答を目指してみたいと思います。

この回答にあえてケチをつけるとするならば、アピールした経験は当然ながら過去の話であって、転職先でも過去の成果を再現し、課題解決に貢献できるのか、これはやってみなければわからないという不確実性が残っています。

そこで、転職先の課題をその場で解決してみせるのです。ケース面接というものをご存じでしょうか。ケース面接とは、面接担当者が提示する具体的な課題シナリオに対し、採用候補者が解決策をその場で考えて回答するという面接手法を指します。転職後に実際に向き合うことになるリアルな課題の解決力を評価できる手法として、経営コンサルタントなどの採用面接でよく使われています。

面接における回答は、何も一問一答形式でなくても構いません。この、ケース面接風のディスカッションに自ら持ち込むことで、転職先の課題解決に貢献できる蓋然性を疑う余地なく示すことが、経験豊富なミドルシニア人材ならではの腕の見せ所というわけです。たとえばこのようにやりとりを進めるのはいかがでしょうか。

候補者「15年にわたって人事制度の設計と運用を行ってきた経験を活かせると考えております。少し質問とずれてしまうかもしれないのですが、私の経験と専門性を御社で活かせるかをご評価いただくために、御社とご縁があった際に取り組む課題に対する提案を考えてまいりました。この場でディスカッションさせていただくことは可能でしょうか」

面接官「なるほど、ぜひお願いします」

候補者「人事評価制度を設計できる人材をお探しかと思います。僭越ながら、御社の事業内容の性質と従業員数、社員様の口コミなどの公開情報を私なりに分析させていただきました。現在の評価制度の課題は、評価の公平性に関する納得を得られづらく、本来実現したい社員様のモチベーションの向上などに十分につながっていないことではないかと推察いたしましたが、いかがでしょうか」

面接官「……！　おっしゃる通りです」

候補者「ありがとうございます。それでしたら、前職でも近い課題に取り組んでおりましたので、きっとお力になれるのではないかと存じます。具体的な検討ステップとしては、たとえば従業員や評価者へのヒアリングが考えられますが、こちらはすでに実施していらっしゃいますか」

面接官「お恥ずかしながら、まだできていないんですよね」

候補者「いえいえ、とんでもないです。ヒアリングの後は定量調査を取る場合が多く、私も前職で実施しましたが、大々的に行うとコストもかかってしまいます。御社の従業員規模ですと、あるいはヒアリングと最小限の調査だけでも十分かもしれません。さらに……」

と、このような具合に、あたかもあなたが社外コンサルタントであるかのように、ディスカッションを進めていくのです。あなたが面接担当者だったら、過去の経験と実績を語る人よりも、この候補者のほうが活躍イメージを持てるのではないでしょうか。

ケース面接風のディスカッションは、一部の幹部ポジションや高度な専門性が求められる職種だけではなく、あらゆるポジションの採用面接で実践することができます。ただし、企業情報を徹底的に収集し、自ら課題の仮説を立て、提案できる準備をしておかなければなりません。今回の事例ではたまたま課題の仮説が一発で当たりましたが、そうではないことも当然あります。課題の仮説は複数用意し、面接で柔軟に答え合わせできるようにしておきましょう。

聞かれる質問に対する回答案を事前に用意し、練習するというような定番の面接対策ももちろん重要ですが、ケース面接方式を取り入れれば、せっかくの豊富な経験と強みをもっと効果的にアピールすることが可能です。

条件交渉

条件は前を見るだけでなく、同時に横も見る

本書では「複業ができる会社に転職してしまうのもアリ」とお伝えしました。複業ができるかどうか、あるいは年収など、このような少しデリケートな条件交渉をスムーズに進める方法はあるのでしょうか。攻略法の最後として、面接の最終段階での条件交渉のうまいやり方についてお伝えします。いわば「スマートな交渉術」です。

最終のオファー面談というのは気を遣う場面です。もうすぐ内定が出る、というタイミングで印象を悪くすることはできません。ときどき、オファー面談に際して、「内定をもらったも同然だ」と勘違いして急に横柄になったり、自分勝手な要望を企業に突きつける方がいますが、すべてが水の泡になってしまいます。

そうした油断ならない状況ではありますが、一方では自分が欲しい権利はしっかりと主張していかないといけない。高度な交渉術が必要とされる場面です。

交渉の心得として何よりも大切なことは、前を見ると同時に横を見ることです。前とは、目の前の人、つまり転職先候補となる企業のこと。では横とは何かということ、ライバル候補者のことです。

転職希望者も複数社の求人に応募して比較検討するように、採用企業側も同じくたくさんの候補者と会い面接しています。特定の人に内定を出す直前の段階に及んでも、その候補者との条件交渉が決裂したときの2番手、3番手の候補者を必ず用意しているということです。

そのような状況において重要なことは、あまり考えたくはないですが、ライバルと比較した自分の相対的ポジションを意識することです。それによって、交渉のパワーバランスは大きく変わります。

仮にあなたが採用企業にとって「他にも候補者はいるものの絶対にあなたを採用したい」という筆頭候補だった場合は、さまざまな条件のリクエストにある程度柔軟に対応してくれる可能性は高くなりますが、逆もまたしかりです。

自分が何番手かを企業側はもちろん教えてくれませんが、ある程度予想することは可能です。たとえば、最終面接から合否が出るまでの期間は、比較的わかりやすいヒントになります。結果が数日で来る場合は採用候補者としてあなたを希望する順位は高く、2～3週間もかかる場合は、繰り上げで合格になった可能性があります。

このように横を意識すると、40～50代の転職においては、企業側が提示してきているオファー年収を交渉によって高めることは現実的になかなか難しいと言えます。

自分よりもより若く、より低い年収で内定を受諾しうるライバルが自分の横にいる可能性が高いからです。採用企業の本音「選べるのであれば若いほうがいい」を思い出してください。企業側も、オファーを受諾してもらうために気を遣って、あなたの年齢や経験相応のそれなりに配慮された金額をオファーしているはずです。

それをのめないとなると、「では次の方」と、採用企業が他のライバルに目移りしてしまいます。提示された条件をいったん受け入れ、入社してからしっかりとパフォーマンスを発揮していくことによって評価を高め、年収を上げていくことを狙うほうがより賢明です。

次に複業の可否確認です。事前に就業規則など会社のルールを教えてくれている会社で、複業可とわかっていれば何の問題もありません。事前にそれがわからない場合、どこかで確認する必要があります。それまでの間に、ストレートに「複業をやって大丈夫ですか？」と聞くのはなかなか勇気が要りますよね。企業側がどう思うかといえば、あまり気分がいいものではないでしょう。「うちの会社に全力投球してくれるんじゃなかったの？」ということです。

私が考える最善手は、ちょっとしたレトリックですが、「すでにやっている前提にする」というものです。

「実は、私は土日にこういう複業をやっています。それはそれで私自身すごくやりがいを感じているので続けたいと思っておりますが、可能でしょうか？　もちろん、大前提として御社の業務に全力で取り組む所存です」という具合です。

嘘をついてはいけませんので、複業の活動は始めている必要がありますが、必ずしも収益化している必要はありません。起業した直後、売上高がゼロでも起業していることに変わりはないのと同じ理屈です。

すでにやっているトーンであれば、不思議とすんなり「問題ないですよ」と受け入れてもらえることが多い感触があります。先方も人間なので、「やめてください」と言うのは心理的に憚られるからです。もちろん、会社で服務規定上禁止されているのであれば、それ以上押すことはできませんので、複業ができる会社に転職することが目的の場合は丁重に辞退しましょう。

安易に資格やリスキリングに頼るのはＮＧ

ミドルシニアの方々からの転職相談で、とてもよく聞かれる質問があります。それは「転職で有利になる資格は何ですか？」というものです。

結論を申し上げると、これから新たに取る資格が転職活動の成否を決定的に分けることはありません。まして「この資格さえ取っておけば食いっぱぐれない」と言えるような資格もありません。

例外的に、先ほどお伝えしたエッセンシャルワークについては、その仕事を行うこと自体に国家資格（タクシーやハイヤーの乗務員に不可欠な普通自動車第二種運転免許など）が求められることが多々ありますので、その必要資格を取得することはプラスに働くでしょう。もっとも、エッセンシャルワークの求人を出している企業は入社後に資格取得を支援する制度を設けていることも多いため、その場合は転職時点で資格がなくても、やる気さえあれば問題ありません。

誤解しないでいただきたいのですが、「資格を取っても役に立たない」とまでは言いませんし、現在何らかの資格取得に励んでいる方を否定するつもりもありません。しかし、学ぶこと自体が趣味の一環であるならばともかく、**「何らの資格があれば、なんとなく安心」くらいの感覚であれば再考してほしい**、というのが私の正直な気持ちです。こと転職活動においては、その時間をより多くの企業に応募し情報収集するのに充てるほうが得策と言えます。

「転職で有利になる資格は何ですか？」という問いは、おそらく「リスキリング」に対する関心と誤解から生まれているのではないかと思います。

ジャパン・リスキリング・イニシアチブ代表理事の後藤宗明氏によると、リスキリングとは「新しいことを学び、新しいスキルを身につけ実践し、そして新しい業務や職業に就くこと」とされています。岸田政権がリスキリングに対して５年で１兆円を投資していく方針を明らかにしたのが２０２２年のことです。

それからリスキリングは、企業が責任を持って従業員に対して実施するものという本来の趣旨を超えて、個人の学び直しと似たような意味合いで理解が広がり、大手ビジネス誌はこぞって資格特集を組みました。「食える資格ランキング」「転職・起業に役立つ資格リスト」といった文句が並ぶ表紙など、記憶に新しい方も多いのではないでしょうか。

「食える資格」「役立つ資格」といった枕詞がつくのは、資格を取っただけでは食えていない、役立てられていない人が多いことの裏返しです。

リスキリングをすることで、自分のキャリアに役立てたいという考えは、非常にポジティブですばらしいと思います。ただ、ミドルシニアの方々にとって、資格であれなんであれ「自分の外側」にあるものに頼りすぎるのは、もったいないのではないかと思うのです。

特に最近は、第1章で紹介した冨山和彦氏の「デスクワーカーの仕事の多くは、すでに生成AIに代替され始めている」という指摘の通り、付け焼き刃のスキルを学んでも、どのみちあっという間に陳腐化してしまうリスクもあります。

40〜50代の方々ならではの20〜30年かけて熟成されたスキルは、テクニカルスキルからポータブルスキルに及ぶ複層的なものです。だから代替されない、とまでは言えませんが、少なくとも数カ月で学んだスキル単体よりは、よほど戦える可能性があるというものです。

前述の通り、リスキリング（reskilling）とは一般に、新しいスキルを身につけることを指します。しかし、「re-（再び）という言葉の本来の意味に立ち戻ると、「すでに自分が持っているスキルをあらためて磨く」こともリスキリングのひとつのあり方だと私は考えています。今まで培ってきたスキルを再認識し、しばらく活かしていなかったのであればサビを取り、再び武器として活かす。このほうが、資格の勉強に時間を費やすよりも、よほど即効性があり、意味のあるリスキリングではないでしょうか。

もっとも、資格ではありませんが、自分の主力の武器を最大限に活かすために、他のスキルを新しく学んで補強することは良策です。たとえば、長年の経理の経験を活かしてフルリモートで働けるようになるため、経理関連のクラウドサービスやコミュニケーションツールの使い方を習得するといった、いわば守備範囲を拡大するための戦略的リスキリングは大いに推奨できます。

自分のこれまでの経験を軸足に置いたときに、縁もゆかりもない飛び地的なスキルではなく、もう片方の足で着地することでさらにできることを増やせるスキルは何か。このような問いを立てることがポイントです。

転職活動のモチベーションを保つ心構え

ところで、転職したいと考えている人のうち、1年以内に実際に転職する人はどれくらいでしょうか。驚くべきことに、45〜54歳についてはほんの12・5％しかいないのです。[2] 逆に言えば、9割弱の転職希望者は1年たっても転職しておらず、すなわち苦戦しながら転職活動を続けているか、あるいは活動をやめてしまったかということになります。

有料のマンツーマン転職塾であるライフシフトラボのお客様は、受講料をお支払いいただいている分、転職への本気度が相対的に高い方々と言えます。それゆえに途中で諦めるケースはほとんどありませんが、そのような方であってもやはり、山あり谷ありの転職活動、挫けそうになる場面というのはゼロではありません。いわんや一般の転職希望者を考えると、心が折れて諦めてしまう人がいかに多いかは容易く想像できます。

ミドルシニアの転職は、モチベーションとの闘いです。このご時世、普段の仕事では真正面から否定されたり、断られたり、傷つけられたりする場面は減っているかと思います。新入社員ならばともかく、ベテラン社員である40～50代はなおさらでしょう。だからこそ、転職活動はメンタル勝負。何十回、何百回も断られ、（実際はそうではありませんが）自分を否定されたように感じるお見送りの連絡に対して、平気でいられるほうが不思議であって、つらい気持ちになるのはごく普通のことです。

「みんなもそうだから」と言っても気持ちが晴れるわけではないかもしれませんが、やはり最後は、「転職活動なんてそういうものだ」と織り込んでおくのみです。そもそも転職とは、あなたを採用したいと言ってくれるたった1社と出会えれば良いのであって、その他の何百社からＮＯと言われようが関係ありません。まったく気にする必要はないのです。

2　リクルートワークス研究所『全国就業実態パネル調査』（２０２３年）

「だから絶対に諦めるな」などと根性論を述べるつもりは毛頭ありませんが、苦労しながらも転職に成功した方は100%、「諦めずに続けて良かった」と振り返っていました。

「50代で転職を考えるということは、よほど辞めたい理由があるのだと思います。ここで転職を諦めたら、あの日々がずっと続くんだと考えることで私はモチベーションを維持していました。50を過ぎると、社内の異動や職場環境の変化が少なくなってきますから、時間が解決してくれるだろう、では通用しない。自分が出ていくしかないんですよね」

転職に成功したうちの1人が、今後転職を考えている人へのアドバイスとして話していた言葉です。印象深かったので、本章の締めくくりとして紹介しました。

終章

人生後半を楽しく働き続けるためのマインドセット

「複業」「起業」「転職」と、いずれの道を選ぶにしても、成功するためにはマインドセット、つまり基本の考え方が問われることになります。マインドセットが正しい方向を向いていなければ、せっかくの頑張りが十分に実を結ばない結果にもなりかねません。終章では、そんなもったいないマインドセットはもちろんのこと、人生後半を楽しく働き続けるために持っておくと良い考え方について、３つの切り口からお伝えしたいと思います。

もったいない！　残念すぎるマインドセット

こうしたマインドセット論をお話しすると、どうしても説教臭い印象を持たれてしまうかもしれません。そこで、企業向けのセカンドキャリア研修で私がお話しさせていただく際には、避けたいマインドセットを擬人化し、参加者と一緒に笑い飛ばすことにしています。いくつか紹介しましょう。

1「くれくれ君」

どんなタイプ？

今後のキャリア形成に対するモチベーションが高く、行動を起こし始めている方にしばしば見られるタイプです。「しっかり準備していかないとダメだ」という気持ちが強いあまり、「人を紹介してくれ」「情報を教えてくれ」というテイカー（taker）の姿勢が強い方です。

親切な知人であれば、最初は喜んでいろいろと協力してくれるかもしれませんが、あまりに一方的だと、どうでしょうか。逆の立場になったらどう感じるか、想像してみてください。

どうすればいい？

意欲はとてもすばらしいことですが、「まず、ギブ（give）から始める」ことを心がけると、回り回ってもっと多くの機会が訪れます。「目の前の相手から何を得られるか」ではなく、「何を提供できるか」を考えることが大切です。

2 「完璧主義者」

どんなタイプ？

何らかの行動を起こす前に「まずは◯◯を学んでみたいと思います」「△△のスキルを身につけてからにしようと思います」とおっしゃるタイプです。これも、モチベーションが高い方に多いように思います。真面目にリスキリングに取り組もうという姿勢はすばらしいと思いますが、えてして、何かを身につけたら、また別の何かが足りない、となり、永遠に何の行動も起こさないということになりかねません。

こうなると、行動しないこと自体がリスクになります。

どうすればいい？

「まず行動しよう！」というマインドが大切です。足りないピースは走りながら補っていけば良いですし、そもそもキャリアとは、足りないピースを完全に埋めなければいけないパズルゲームのようなものではありません。今持っている手札でできることから、ぜひ始めてみましょう。

3「肩書き凝り」

どんなタイプ？

もはや古典的な笑い話になってしまった、「私は部長ならできます」と言ってしまうタイプ。転職エージェントに「あなた何ができますか」と聞かれて、ビジネスパーソンとしての自らの価値を役職で答えてしまう。そんな官僚的なサラリーマン像として揶揄され尽くした結果、このような場面で本当にそう答えるような人はめっきり見なくなりました。

しかし、普段は隠している内なるプライドがちらっと表に出てしまうことは、きっとどなたにでも起こりうることでしょう。そしてこれは、一概に非難されるべきものとも私は思いません。

新卒からほんの数年ソニー（当時）に勤めただけで役職もなかった私ですら、退職して起業した当初は、もはや「ソニーの都築」ではない自分であることに不安を覚えました。まして社歴の長い40～50代の方々が、起業したり、あるいは転職したりしたときに、元の会社の看板や肩書きについ頼りたくなってしまう気持ちは十分に理解できるものであって、恥ずべきことではありません。会社の看板や肩書きなしでは相手にしてもらえなかったり、「値踏みされている」と感じたりするような瞬間は、実際ゼロではないでしょう。

どうすればいい？

ただ、こうした気持ちがあまりにも表に出すぎるのは、あまりかっこいい姿ではないですよね。「何者でもない自分をもう一度やり直せる機会だ」とポジティブに捉え、人生後半戦の始まりを楽しむ精神を持つと、これからの活動がもっとワクワクするものになります。

ここでおすすめしたいのは、第2章で説明した「コンテンツ思考」。ご自身のキャリアを棚卸ししてみて、競争力のありそうなじぶんコンテンツを洗い出すことです。豊富な経験をお持ちのあなたであれば、必ず肩書き以外のアピールポイントがあるはずです。

やりたいことを無理に探す必要はない

「人生後半のキャリアを見据えて一歩踏み出したいけれど、やりたいことが見つからない」と言って、複業や転職、起業に足踏みされている方がときどきいらっしゃいます。八木仁平著『世界一やさしい「やりたいこと」の見つけ方――人生のモヤモヤから解放される自己理解メソッド』（KADOKAWA）が2020年にベストセラーになった理由は、多くのビジネスパーソンが仕事においてやりたいことを明確にしたいと考えているからでしょう。

「今までは、自分がやりたいことであるかどうかではなく、会社の論理でやるべきことをやってきた。人生後半こそは、本当にやりたいことをやりたい」とお考えの方は、もしかするとミドルシニアの方々に特に多いのかもしれません。やりたいことが明確であることは、すばらしいことです。もしすでに、これからチャレンジしたいやりたいことが決まっているのであれば、何の迷いもなくそれを追うべきです。

しかし一方では、「いざ考えてみると、自分が本当にやりたいこととは何だろうか」と、悩んでしまう方も多いのではないでしょうか。そんな方の気持ちを軽くするためにお伝えしたいことがあります。やりたいことが見つからないからと言って、人生後半に向けた行動を始めることを延期すべきではありません。

キャリアにおける考え方で「WILL（ウィル）-CAN（キャン）-MUST（マスト）」というものがあります。WILLは「やりたいこと」、CANは「できること」、MUSTは「やらなければならない、あるいは会社から求められていること」です。一般に、その3つをすべて満たすのがベストなキャリアといわれますが、現実問題としてそれは簡単ではないことは、これまでの職業人生を通じて十二分に実感されていると思います。

あるいはこれまでもそうだったように、「WILL-CAN-MUST」を全部満たさなければ、充実したキャリアにならないわけではありませんし、3つのうち、どれが自分に

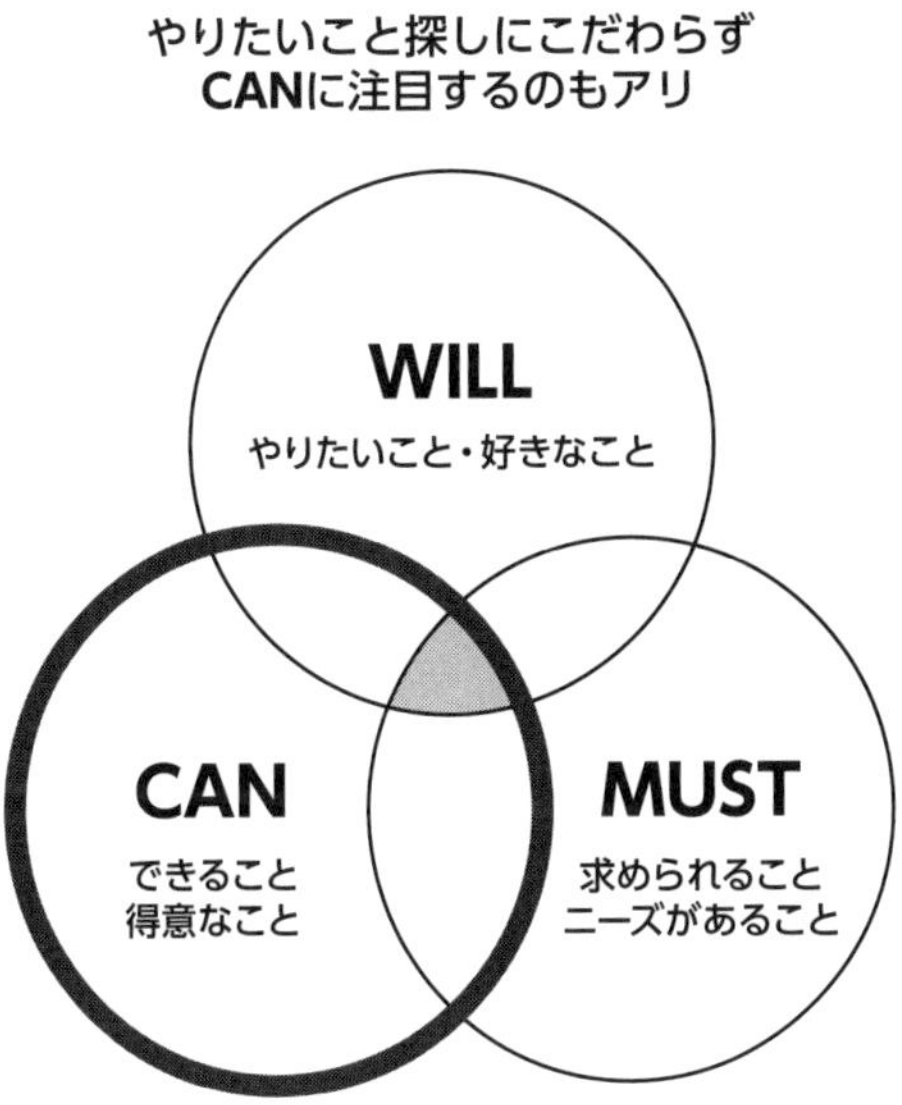

図15　3つをすべて満たすのは難しい

とって重要かは個人差がありま す。「自分が心からやりたいと思える仕事でなければ続かない」という人もいれば、必ずしも自分のやりたいことではなくても、周りから求められる仕事をしっかりやって、感謝されることに喜びを感じる人もいて、いずれも立派なキャリアのあり方です。

ですから、やりたいこと探しにこだわりすぎず、その呪縛から自由になりましょう。そもそも、今の年齢になるまで明確にならなかったやりたいことが突然見つかるほうがむしろ珍しく、ラッキーなケースだとは思いませんか。やりたいことが見つかるのを待つことで、行動を始めるのが遅れるほうがよほどもったいないことです。

やりたいことがなかなか見つからないミドルシニアの方々に私がおすすめしたいのは、CANに注目することです。たとえば複業を始めるにしても、まずはやりたいことより、できることを条件にふるいをかけて、案件に応募してみる。合格したらとりあえずやってみる。仮にその仕事が「やりたくないこと」だと気づいたら、いつでも辞められるメリットを活かして遠慮なく辞めてしまえばいいのです。やりたいことを見つけるのは難しいかもしれませんが、やりたくないことを認識するのは意外に簡単です。そうしてふるいにかけられた結果、続けられている仕事……。それこそが、相対的にやりたいことなのだと捉えておけば、それでいいのではないでしょうか。

意識的に優先度を上げよう

幸福年収７００万円が続く人生後半の働き方を考え、それを実現するために行動を

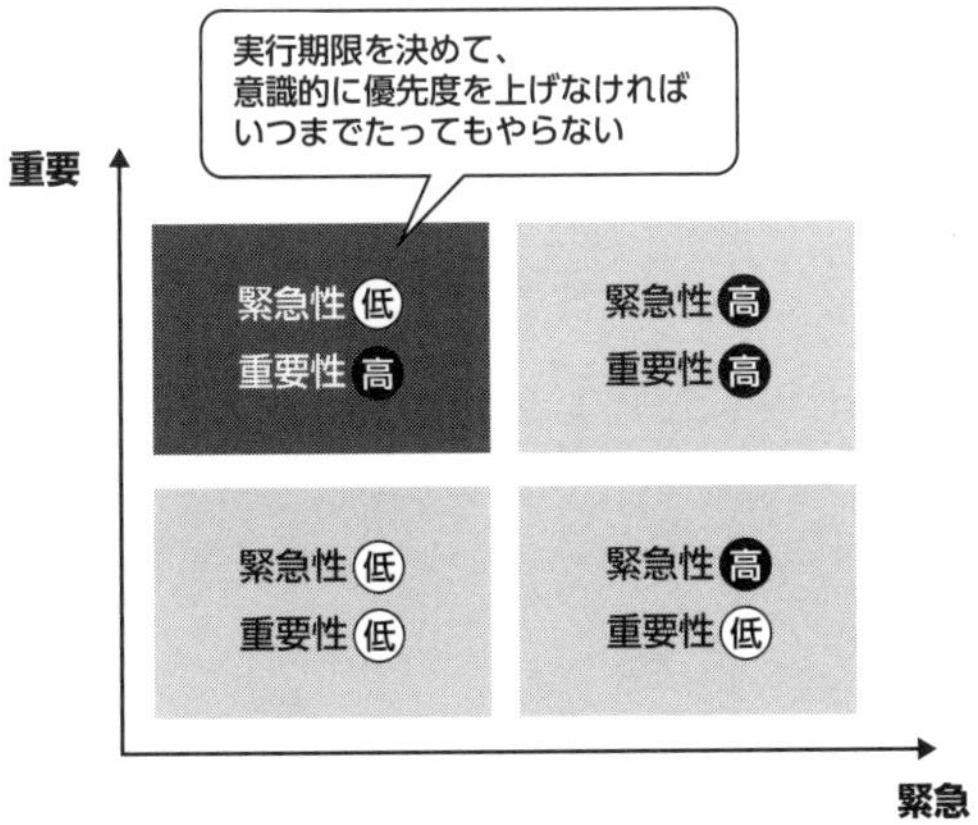

図16　緊急性と重要性の時間管理マトリクス

起こすことの重要性は、ここまで十分にご理解いただけたと思います。しかし、こうした仕込みはほとんどの方にとって、「明日から始めなければ会社をクビになってしまう」「生活が立ち行かなくなる」というような緊急の話ではないでしょう。

緊急性と重要性の時間管理マトリクスというフレームワークがあります。これは、タスクを緊急か否か、重要か否かで4つに分類し、優先度を判断するために用いられます。たいてい人間は、緊急性も重要性も高いタスクは真っ先に処理しますが、緊急ではないが重要なことにはなかなか手をつけないものです。

心の中では「いつかやらなければ」と思っ

ていても、緊急性の高い日々のタスクに追われるあまり、いつまでたっても行動に移せないまま、というのはとても多いパターンです。定年まであと1年に迫り、いよいよ本当に緊急性が高くなってきたタイミングで慌てて取り掛かるのでも完全に手遅れというわけではありませんが、助走期間が長いに越したことはありません。

つまり、間際になって慌てないように、緊急ではないからこそ意識的に自分で優先度を高め、今できることから取り組むということが非常に重要です。具体的には、現在会社にお勤めの方なら、さっそく複業活動を始める。複業ができない環境だったり、何か仕事に不満があったりする場合は転職も選択肢として検討し、やると決めたのなら即行動を起こすということです。

重要性はわかっているけれど、「落ち着いたら」「いつかは」という言葉が脳裏に浮かぶようでは危険です。きっとあなたも、仕事のこと、家庭のこと、何かが片付いたらすぐにまた次と、やることが尽きない状況かと思います。落ち着くタイミングなど、ついぞ訪れません。あえて「この時間は人生後半のキャリアに対しての準備として使う」と決めて、雑事をブロックするなど、それくらいの意思を持ってやらないとなかなか難しいものです。

緊急ではないが重要なことといえば、たとえば地震対策が挙げられます。大地震がいつどこで起きてもおかしくない、そしていつか必ず起きるといわれているにもかかわらず、「いつ大地震が来ても大丈夫」と言える備えがバッチリできている家庭は多くないはずです。地震対策の文脈で言うと、緊急ではないうちの備えがいざというときの命運を分けます。

これは人生後半のキャリアも同じです。ひとつ違いがあるとすれば、**人生後半のキャリアは地震対策と違い、定年まであと何年か、いつ何が起きるのかがある程度わかっていること**です。本書には、今すぐに取り組めること、明日からできることをちりばめたつもりです。そうした、取り組めること・できることを、「いつまでにこれをやっておこう」と自分で優先度を高めて、少しずつでもアクションを起こしていただければと思います。

interview

特別インタビュー

入山章栄・早稲田大学大学院経営管理研究科教授に聞く

経営学とキャリアオーナーシップの関係性

「とにかく『外』とつながれ！複業が働くマインドを変える」

本書の締めくくりとして、早稲田大学教授の入山章栄先生に、人生後半の働き方についてお考えを伺いました。入山先生には、かねてよりライフシフトラボの事業に関心を寄せていただいています。経営学とキャリア論の接点について、またＡＩ時代の働き方の変化について、とても刺激的なお話ばかり。忌憚のないご意見も、ミドルシニアへのエールのように感じられます。

40代、50代のライフシフトは、日本の一番の重要課題

――2022年に「40代半ば以降のリスキリングが日本全体に求められる」と語っておられ、共感しました。企業の対応や個人の意識はどのように変わったと思われますか?

入山　肌感覚ですが、うっすらと変わってきていると思います。ただ、機運が出てきてるな、ぐらいですね。たとえば日本の大手企業も、それが大事だということはわかってきているけれども、まだ切迫感はなく、のんびりしています。中小企業、特に地方の企業などはリソースがないから危機感が強いです。社員にうまく変わってもらう必要もあるし、リスキリングした人を外から採用する必要もあります。

ただ、AIが出てきたので、これから数年で劇的に世の中が変わる可能性があるでしょう。冨山和彦さんが『ホワイトカラー消滅』という書籍で書かれているように、本当にホワイトカラーの仕事のほぼ全部が、AIでできてしまうようになります。

大企業の中でも特に40代、50代の社員は、まさにそのようなホワイトカラーが多い

にもかかわらず、企業はその層の技術的失業を防ぎ、戦力化するための有効なリスキリング機会を十分に提供できていません。

だから大企業から見ると、日本の生産性が低いと言われている今、すごく大胆に言うと、あらためて彼らをリスキリングして戦力化するよりも、いかに生産性が低い人たちに辞めてもらうか、という話に傾くはずなのです。さもなければ、会社としての生産性が上がらないですから。

――過激な言い方をしてしまうと、40代、50代の社員にどんなリスキリング施策を投資すれば彼らがＡＩに代替されないか、企業は見えていない。だから手っ取り早く辞めてもらおうという発想になっている、ということでしょうか？

入山　そうですね。多分、アメリカの会社だったら、「もういらないね」と解雇するところもあるでしょう。日本の会社はそこまではできませんが、ＡＩの活用に関しては真剣に考えたほうがいい。そもそも、組織の中間にあるホワイトカラーや管理職の仕事というのは、上から来た情報を下に流すとか、下から上がってきた情報を整理してまとめて上に上げるという仕事です。これはＡＩが一番得意なことなので、人手をかける必要はありません。

これからの人類の仕事で価値が出るのは「意思決定の仕事」と「現場の仕事」です。両者の間で、それらをつなぐ部分は全部ＡＩがやるので、答えがないものに対して判断を下すのが人間の仕事になります。

現場の仕事も今のところＡＩにはできません。僕は知的ブルーカラーと呼んでいますが、いわゆるエッセンシャルワークもそれに含まれます。

このどちらかで人は価値を出していくしかないのですが、意思決定の部分にはたくさんの人数は必要ないので、会社の視点で見ると、現場側に人材を移動させるしかないということになります。

――ホワイトカラーからエッセンシャルワークへの転身はまだあまり一般的ではないように感じます。どうすれば、スムーズな転身が進むでしょうか。

入山　まずは、給料です。たとえば建設業は人が足りないので、現場の人の給料がすごく上がっています。建設現場は日本で一番人手が足りなくて。日本の夏は暑くて湿気が多いので、現場はつらい。だから、外国人も実はあまりやりたがらず、人も集まらない。結果として、給料が上がり出しています。

次に、「現場仕事ってかっこいいよね」という流れを作っていくことです。日本には、ホワイトカラーのほうが格上で現場は下、という長年続いたイメージがありましたが、AIによってこれから完全に逆転します。「まだオフィスでそんなワイシャツ着て、つまんないパワポとか作ってるの？」といったような空気になっていくでしょうし、そういう流れを意識的に醸成していったほうがいいでしょう。

農業だと、若い人が進出して、毎日会社で残業して疲弊するよりもかっこいいよね、という風潮が出てきていますよね。こういうことがいろいろなところで起こっていいと思います。

グーグルのアルファフォールドが出てきました（注：タンパク質の立体構造を予測するためにグーグル ディープマインド〔Google DeepMind〕社が開発したソフトウエアで、創薬を加速させるとされる）。これによって人間のタンパク質がすべて三次元で解析されるようになると、ゆくゆくは癌がなくなるともいわれています。そうすると「人生100年時代」どころか、「人生120年」みたいなことになりかねません。人生後半戦のキャリアはますます重要になります。

今の10代、20代はいいんです。そもそも終身雇用なんか信じていないし、食いっぱぐれるなんて思ってもいません。実際、人手不足が続くから、就職にも転職にも困らないでしょう。

課題はやっぱり僕の世代、40代後半から50代以降の人たちです。40代、50代のライフシフトは、日本の一番の重要課題だと思います。終身雇用世代で、「ずっと同じ会社にいる」という前提で生きてきたのに、ここに来てＡＩが出てきてしまった。会社がリスキリングの機会を提供してくれるとは期待できない。

だからこそ、最大のポイントは、会社が、ではなく、自分が何をしたいかでしょう。でもこれがまた厳しいですよね。今まで会社側が自分のやりたいことを育むような働かせ方をしてこなかったので、「好きなことをやって生きていいんだ」っていう感覚を持っていない。今さら何をしていいかわからないんです。

目の前でうまくできているものだけを繰り返しやってしまいがちだが…

——入山先生は早稲田大学の「キャリア・リカレント・カレッジ」（２０２３年度）で「世界の経営学からみるキャリアオーナーシップへの視座」という授業を担当されていました。経営学とキャリアオーナーシップの関係性を教えていただけますか？

入山　はい、すごくつながる話です。講義の概略をお話しすると、チャールズ・オライリーらの書籍『両利きの経営』（英治出版）を踏まえて、「知の探索」を縦軸に、「知の深化」を横軸として説明しています。

人間は認知の幅が狭いので、新しいことをどんどんやっていかないと面白くないから、そのときには狭い認知を超えていくことがとても大事です。そのために遠くを幅広くいっぱい見る、という作業がすごく重要なわけです。一方で組み合わせて儲かりそうだったら、そこを深掘りして、効率化する必要があります。

それを横軸で「知の深化」といいますが、手放しの状態では人間も組織も深化に偏るんです。なぜかと言うと、探索は言うのは簡単ですが、やるのは面倒なんです。遠くのものを幅広くいっぱい見て組み合わせる、というのは無駄な作業にも見えるし失敗も多い。だから、特に企業はそうですが、うまくいきそうなところだけ深掘りしていきます。儲かっている既存事業だけやる、そして新規事業は一切やらない、みたいなことになる。

人間のキャリアも実は同じで、同じ会社でずっと仕事をしていると、目の前でうまくできているものだけをずっとルーティンワークで繰り返しやることになる。そうすると、遠くの意外なものにチャレンジする、今の仕事と関係ないものをやってみる、というようなことがなくなっていきます。複業なんて、やっている場合じゃない。そうすると短期的にはいいのですが、結果として中長期的にイノベーションが起きなくなり、手詰まりになってしまう。

40代、50代で目の前の仕事ばかりやっている方も、まさに「知の深化」側なので、それだけやっていると、新たな展開がないでしょう。もちろんそれはそれで一生懸命頑張っていただきたいなと思いますが、同時に少しでもいいから、縦軸の「知の探索」をやってほしい。何かをやってみる、ということがすごく重要で、そのバランスが良いことを「両利きの経営」といいます。

とにかくこれから大チャンスなのは、「知の深化」はもう全部ＡＩがやるから、人間がやる仕事は「探索」側だけだということです。

――キャリアと経営学とは親和性があることがよくわかりました。ただ、先生もおっしゃるように、「知の探索」を実行するのは言うほど簡単ではないですよね。何から、あるいはどこから始めるといいでしょうか？

入山　ベンチャーキャピタリストの伊佐山元さんが、「降りる駅をひとつ変える」と言っていますが、いいアドバイスだと思います。つまり習慣を変えてみることです。これまで終身雇用を前提に働いてきた世代は、「WILL（やりたいこと）」（注：WILL－CAN－MUSTの考え方は終章参照）が弱いのは仕方がありません。変化を恐れる気持ちもわかります。けれども、それは慣れの問題で、小さな変化を起こすということがすごく重要です。

「変化を習慣にする」ということが日本で一番できている会社のひとつがサイバーエ

ージェントだと思います。人事のトップである曽山哲人さんが、常に「変化の常態化」ということを考えている。だから、イノベーティブな新規サービスが次々に生まれてくるのでしょう。

複業をはじめ、「さまざまな外と交流する仕掛け」が必要

――普通のミドルシニアが「知の探索」を実行する手立てとして、私たちは「複業」を提案しているのですが、この可能性についてご意見をいただけますか？

入山　すごくいいと思います。僕はロート製薬の社外取締役をしていますが、ロート製薬は大手企業で一番最初に複業を解禁した会社です。じゃあ社員全員が複業をやっているか、というと、そんなことはありません。ただ、社内調査によると、複業をしている人のほうがウェルビーイングが高い、ということがわかっています。それでも想定通りに複業者が増えない理由は、単純に人事の問題だと思います。人事が、何のために複業をするのかわからないし、リスクがあるように思っているのでしょうね。

トップは理解があるんです。僕も、現会長の山田邦雄さんに、「複業を認めたら社員が辞めるんじゃないですか？」と聞いたら、「先生、辞める人は複業しなくたって辞めるんや」と言われました。そんなことより、社員が外の世界を見てくれたほうがいい。外のほうがけっこう厳しかったりするので、「ロート製薬ってやっぱりいい会社なんだな」と気づくこともある。そうおっしゃっていました。

そういう観点からも、やればよいと思うのですが、多分日本の会社の人事はそこまで理解が及んでいない。

――ロート製薬のように積極的に推進していても必ずしも全員やるわけではない、とすると、従業員側も何か入れ替えないといけないマインドや考え方があるのでしょうか。

入山　放っておくと、やっぱり人は組織にしがみつこうとしますから、そうではない、というマインドを常に持っておくことが大事でしょう。

複業もひとつの手段ですが、おそらく全員はやらないでしょうから、それ以外にも、外と交流する仕掛けが必要です。たとえば逆に外から複業で働きに来てもらう、という手もあります。あるいは研修も、僕は1社だけの研修というものには意味がないと思っていて、唯一引き受けている研修はキリン、丸井、カゴメ、東京ガス、ファンケル、三菱商事の6社合同研修です。全然違う業界の人たちが集まるから、とても刺激になるんです。自分の見ている世界がいかに狭いかがわかります。複業も結局そうだと思いますが、とにかく外とつながる、ということが初めの一歩でしょう。

必要なのはリスキリングよりもメタモルフォーゼ（転生）

――ただリスキリングを奨励する、というだけでは、問題は解決しないということですね。

入山　そうだと思います。加えて、リスキリングという言葉があまり良くない、と感じています。なぜかと言うと、研修を1回受けたらリスキリングだ、というようなイメージがなんとなくついてしまった。それは本質ではないでしょう。そんなワンショットの学びではなく、これからの時代に40代、50代がやる必要があるのは「転生」ではないでしょうか。つまり、これから大事なのはリスキリングをし続けて生まれ変わる、メタモルフォーゼです。これからは85歳ぐらいまで働くことを想定しなければいけませんから、あと40年もある中で転生しないという道はあり得ないと思いませんか？　現状のままでいくというほうがむしろ無理があります。

そのときに大事なことは、「2、3割ができる」と思った仕事は全部受けること。これは僕がそういう考えで、実行もしています。孫正義さんが「会社の事業は7割できると思ったらやる」と言っていますが、それは会社の事業の話であって、個人はもっとリスクを取っていい。

別に潰れるわけではないし、失敗しても大したことではない。9割できると思わないとやらない、では転生しようがありません。確率2、3割だと、当然いっぱい失敗もしますが、そこで学習するから、同じオファーが2回目、3回目に来たときは、前より成功確率が上がるんです。

もうひとつ、伊藤穰一さんが著書で「理想的な仕事の状態というのは『働く』『遊ぶ』『学ぶ』が重なっていること」だと書かれていました。僕もそれに近い感じで仕事をしていますが、僕が尊敬する野中郁次郎先生や出井伸之さん、高岡浩三さん、冨山和彦さんなどは、皆さんそういう方々です。

「知の深化」側の仕事を普段はしつつ、複業をはじめ、いろいろな「知の探索」を実践してはどうでしょうか。後者は自分の好きなことしかやらないから、ほぼ「遊ぶ」に近くて、そこでいろいろな人たちと出会うこともできます。遊ぶように働くことで学びが生まれるという理想の状態で、だんだん本業以外の比率が高まっていく。そんなふうに考えてみるといいかもしれません。

入山 章栄氏（いりやま あきえ）

早稲田大学大学院経営管理研究科（早稲田大学ビジネススクール）教授

慶應義塾大学卒業、同大学院経済学研究科修士課程修了。三菱総合研究所でコンサルティング業務に従事後、2008年米ピッツバーグ大学経営大学院よりPh.D.（博士号）取得。同年より米ニューヨーク州立大学バッファロー校ビジネススクール助教授。2013年より早稲田大学大学院早稲田大学ビジネススクール准教授。2019年より教授。専門は経営学。国際的な主要経営学術誌に論文を多数発表。メディアでも活発な情報発信を行っている。

おわりに

最後まで本書をお読みいただき、ありがとうございました。

私が本書の執筆を決意したきっかけは、40～50代にとっての今後のキャリア形成の具体的な行動ステップなどのノウハウが、世の中にほとんど流通していないという事実に気づいたことでした。

キャリア形成に関するインターネットの情報や書店に並ぶ関連書の多くは、転職産業のメインターゲットである20～30代に向けた内容にどうしても偏りがちです。企業内で行われるキャリア開発の取り組みも、会社の将来を担う若手社員や一部の管理職を対象にした、会社の中で活躍し続けることを前提とするものが大半を占めています。

確かに人生100年時代といわれ、定年後の生き方、働き方を論じる本は増えてきましたが、「社外に目を向け、複業を始めてみよう！」「でもどうやって？」というハウの部分に関する情報はまだ不足しているように感じます。

それもあってか、私がまだライフシフトラボの立ち上げを構想していた当時、お話を伺った40～50代の方々の多くは「選択肢がどんどん減っていくように感じる」と打ち明けてくださったのが印象的でした。それも、誰もが知る大手企業に勤め役職にも就いているような、世間的にはエリートと呼ばれる人が「今まで取れた選択肢が気づいたらなくなっていて、立ち往生してしまっている」とおっしゃるのです。

しかし、ライフシフトラボを開講してから現在までの3年間で見えてきたのは、正しいやり方さえ実践すれば、何の憂いもなく道は開けるということです。「この年齢では無理」と諦めていた方が、数カ月で複業家としてデビューして働きがいを取り戻したり、そのまま複業が軌道に乗って独立したり、もっと自分らしく働ける職場に転職したり……。そんな姿を何度も目にしてきました。

またライフシフトラボはお客様のキャリアを支援するだけではなく、自社でもミドルシニア人材が活躍できる職場づくりに取り組んでいます。実際、スタートアップ企業としては珍しくメンバーの8割が40～50代で構成されており、年齢に関係なく新しいチャレンジができる環境であるよう努めています。ミドルシニアの方々と、働く場としての企業側、両方の視点を持つことで、より実用性の高いノウハウを蓄積することができました。

そして今、累計500人以上の支援現場で培った知見は、確かな成果を生み出せるところまで磨き上げることができたと自負しています。やり切れるかどうかは本人次第だとしても、少なくとも方法論は、もっと広く意欲ある人にお届けしたいと考えました。それが本書を世に送り出す理由です。

ミドルシニアの方々が自分の思い描く人生後半の働き方を前向きに追求することは、本人だけではなく社会全体にも大きな意義があります。人手不足がますます進む中、人口構成上、最も厚みのある世代であるミドルシニアが活躍すること、活躍できる環境を整えることは、日本経済にとって言うまでもなく重要です。

また、ミドルシニア世代の働く姿勢は、次世代にも計り知れない影響を与えます。いつの時代でも、若い世代や子どもたちは、ミドルシニア世代の背中を見て今後のキャリアを選択してきました。私自身を振り返っても、歳を重ねるたびに毎日楽しそうに会社に行く父親・母親、責任のある仕事をまっとうしながらいきいきと働く上司やベテランの先輩、そんなかっこいい憧れの存在がいたからこそ、自分も頑張ろうと思えたのです。齢を重ねても新しいことに挑戦し、自分らしく働き続けるミドルシニアが増えることは、次の世代に「働くことはすばらしい」というメッセージを送ることにもなると私は信じています。

最後に、本書の執筆にあたりお力添えいただいた方々に、お礼の言葉を伝えさせてください。

まずは、ライフシフトラボのメンバーとビジネスパートナーの皆様へ。本書は、皆様と一緒にこれまで積み上げてきた知見を結集した1冊です。皆様ひとりひとりがお客様のキャリア形成に真摯に向き合い、試行錯誤してきた過程なくしては、本書を執筆することはできませんでした。

そして、これまでライフシフトラボの各コースをご受講いただいたお客様へ。本書では、皆様の事例をたくさん紹介させていただきました。複業や起業、転職に一歩踏み出した皆様の勇気なくしては、本書で取り上げた知見はここまで実践的なものにはなりませんでした。

そうした知見を世の中にお届けする機会を最初にくださったのは「NIKKEIリスキリング」編集長の桜井陽さんでした。私の自由奔放な連載をいつも温かく受け入れてくださっている、桜井さんの気さくなお人柄に支えられています。

私にとって初めての出版という機会をくださり、力強く導いてくださった、担当編集の三田真美さん、雨宮百子さん。「果たして書き上げられるのだろうか」と最初は不安でいっぱいでしたが、こうして納得の1冊を完成させられたのはお二方のおかげです。企画会議や本書を通じた活発なディスカッションは、頭をフル回転させ臨んだとても楽しいひと時でした。本を作るという仕事の難しさに向き合うプロ意識に、たくさんの刺激を受けております。

ライターの間杉俊彦さん。思えば4年前、私が間杉さんの書かれた雑誌記事を見つけ「取材してほしい」と厚かましくもいきなりご連絡したことが出会いのきっかけでしたね。当時はまだライフシフトラボは存在せず、まさかこのような素敵なご縁に発展するとは感慨深いです。間杉さんの豊富な経験に裏打ちされたアドバイスが本書の血肉となっています。

最後に、大切な妻と2人でほのぼのと暮らす幸せな毎日に感謝すると同時に、今年生まれる我が子に誇れる仕事を、今後も為《な》していこうと背筋を伸ばしています。

末筆とはなりますが、本書があなたにとり、人生後半のキャリアをもっと充実したキャリア後半戦への一歩を後押しする戦略書となれば、これ以上の喜びはありません。

さあ、人生のミドルスパートをかけましょう！

本書はウェブサイト「NIKKEIリスキリング」（日本経済新聞社）の連載コラム「40代からのリスキリング道場」（2023年2月8日〜2024年10月1日）の内容を大幅に加筆修正したものです。

都築辰弥　Tatsuya Tsuzuki

東京大学工学部システム創成学科（コンピュータサイエンス）卒。新卒でソニーに入社。その後、2019年に「世界に100億の志を」という志を掲げ、人材系スタートアップである株式会社ブルーブレイズ（現ライフシフトラボ）を創業。国内の就業者の約半数を占めるミドルシニア世代のキャリアの課題を解決するべく、45歳からの実践型キャリアスクール「ライフシフトラボ」を開講。キャリア支援のプロフェッショナル200名以上を擁するチームで、人生後半のキャリア形成支援に取り組む。40代・50代の複業・転職・リスキリングなどのテーマで寄稿歴・取材歴多数。フルスタックエンジニア。国家資格キャリアコンサルタント。

45歳からの実践型キャリアスクール「ライフシフトラボ」について

「ライフシフトラボ」は、人生後半も活躍し続けたい40～50代のための、キャリアのパーソナルトレーニングです。複業起業コース・転職コース・ＡＩコースを開講しています。中でも、短期集中の転職塾「ライフシフトラボ転職コース」は、経済産業省採択事業として、中高年に特化したリスキリングや幅広い就業機会創出に取り組んでいます。

最後までお読みいただいた方へ

右の二次元コードから、本書で扱ったワークシートのダウンロードや著者による解説動画の視聴ができます。ぜひご活用ください。

セミナーアーカイブ映像はこちら

※視聴には、日経IDの登録（無料）が必要です。

人生後半の働き方戦略
幸福年収700万円を続けるために

2025年4月15日　1版1刷

著　者　都築辰弥
　　　　© Tatsuya Tsuzuki, 2025
発行者　中川ヒロミ
発　行　株式会社日経BP
　　　　日本経済新聞出版
発　売　株式会社日経BPマーケティング
　　　　〒105-8308　東京都港区虎ノ門4-3-12

装丁・本文デザイン　夏来玲
編集協力　　雨宮百子、間杉俊彦
組　版　　　株式会社キャップス
印刷・製本　三松堂株式会社
ISBN978-4-296-12190-8